Johannes Facius

Das Kommen des Herrn beschleunigen

Johannes Facius

Das Kommen des Herrn beschleunigen

Voraussetzungen für seine Wiederkunft

Titel der englischen Originalausgabe:
Hastening the Coming of the Messiah

Die englische Originalausgabe ist erschienen bei:
Sovereign World Ltd.,
PO Box 777, Tonbridge, Kent TN11 0ZS, England.

Alle nichtenglischen Rechte werden exklusiv verwaltet von:
GLINT, P.O. Box 4060, Ontario, California 91761-1003, USA.

Aus dem Amerikanischen übersetzt von Reimer Dietze.

Umschlaggestaltung: IMAGE Grafik-Design, D-Landsberg
Satz: Verlagsagentur Otto, D-Monheim
Druck: Breklumer Druckerei M. Siegel, D-Breklum

Printed in Germany

ISBN 3-931025-99-3
Bestellnummer 147599

Inhalt

Vorwort

Johannes Facius hat sein Buch voller provozierender Denkanstöße nach dem Satz des Apostels Petrus aus dessen zweitem Brief „… indem ihr die Ankunft des Tages Gottes erwartet und beschleunigt“ (2. Petrus 3,12) „Das Kommen des Herrn beschleunigen“ betitelt. Ich hoffe und erbitte von Gott, dass dieser wertvolle Beitrag zu unserem Verständnis des zweiten Erscheinens des Messias auf Erden in die Herzen und Köpfe der Christen überall auf der Welt Eingang findet. Denn es gibt keine wichtigere Botschaft als diese, weder für die Evangelisierung der Welt, noch für den Gemeindeaufbau, noch für die Bildung eines ewigen, geistlichen Charakters in einzelnen Gläubigen.

Vielen Christen wird es merkwürdig vorkommen, dass dieses Buch, das von dem Beschleunigen der Wiederkunft Christi handelt, dem Volk und dem Staat Israel soviel Aufmerksamkeit widmet. Das allein schon ist ein Zeichen für die unter Christen in Bezug auf dieses Thema weit verbreitete Unwissenheit und Blindheit. Dazu ließe sich sagen, dass diese Unwissenheit in vergangenen Jahrhunderten sowohl der Kirche als auch „christlichen“ Nationen geschadet hat. Heute sind die Folgen solcher Blindheit nicht nur schädlich, sondern werden zu göttlichem Gericht führen. Um es mit Gamaliels weisen Worten zu sagen: *„Ist dies Vorhaben oder dies Werk von Menschen, so wird's untergehen; ist es aber von Gott, so könnt ihr sie nicht vernichten – damit ihr nicht dasteht als solche, die gegen Gott streiten wollen“* (Apostelgeschichte 5,38-39).

Die Neugründung des Staates Israel am 14. Mai 1948, der Konflikt und die Kriege, die darauf folgten, und die Bewahrungen und Siege der modernen Geschichte Israels, all das beweist, dass an Israel mehr dran ist als Fleisch und Blut – und sei es weltliches, sündiges, blindes und manchmal arrogantes Fleisch und Blut. Tatsache ist, dass Israel durch die ganze Geschichte hindurch immer ein von Gott gegebenes

Zeichen war, sowohl im Negativen wie im Positiven. Bei den schwierigen Friedensverhandlungen zwischen Israel und Palästina etwa im vergangenen Jahr wurde noch deutlicher, dass Jerusalem, sein Status und seine Zukunft, das Herz des Nahost-Konflikts ist. Viele in dieser Welt, auch viele echte Christen, halten es für unglaublich, dass der „Friedensprozess" an einer Quadratmeile Boden in Jerusalem, die Tempelberg genannt wird, scheitern könnte. Ist dieser Friedensprozess einfach ein „Vorhaben oder Werk von Menschen" – die Vorstellungen und Ideen nichtchristlicher Leiter und Politiker auf beiden Seiten? Oder gibt es einen göttlichen Plan und eine Strategie, die das Wiederkommen des Messias ankündigen? Ist irgendetwas an all diesen Ereignissen im Nahen Osten tatsächlich so wichtig, von so strategischer Bedeutung, dass die Mächte der Finsternis ihre Kräfte mobilisieren, um die Absicht Gottes und seines Messias' frustrieren? Ich sage: Jawohl! Und bevor der Messias wiedererscheint, wird es viel wütendere Agitation und Konflikt geben, den die Welt und Israel erleiden werden müssen.

Im letzten Kapitel der Apostelgeschichte ist Paulus, der große Apostel „nicht für die Juden, sondern für die Heiden", römischer Gefangener, der unter Hausarrest auf seine Verhandlung wartet. Wir haben den Vorteil, auf diese Situation zurückschauen zu können, und wissen, dass er der Vollendung seines Laufs und der Erfüllung seines Dienstes nahe ist. Als er zu den Leitern der jüdischen Gemeinde in Rom spricht – keiner unbedeutenden Gemeinde, könnte ich hinzufügen –, fasst er seine Berufung, seinen Dienst und seine Gefangenschaft mit den Worten zusammen: *„... um der Hoffnung Israels willen trage ich diese Ketten"* (Apostelgeschichte 28,20). Einige Monate zuvor bezeugte er vor dem König Agrippa: *„Und nun stehe ich hier und werde angeklagt wegen der Hoffnung auf die Verheißung, die unsern Vätern von Gott gegeben ist. Auf ihre Erfüllung hoffen die zwölf Stämme unsres Volkes, wenn sie Gott bei Tag und Nacht beharrlich dienen. Wegen dieser Hoffnung werde ich, o König, von den*

Juden beschuldigt" (Apostelgeschichte 26,6-7). Diese Hoffnung Israels wurde später von Paulus vielen Mitgliedern der jüdischen Gemeinde, die zu ihm in die Wohnung kamen, erläutert. Lukas berichtet, wie er das Reich Gottes erklärte und bezeugte: *„... und predigte ihnen von Jesus aus dem Gesetz des Mose und aus den Propheten vom frühen Morgen bis zum Abend"* (Apostelgeschichte 28,23). Diese Versammlung markiert den eigentlichen Beginn der Heidenmission und den Aufbau der Kirche unter den Völkern. Und doch endet dieser Bericht der Apostelgeschichte von der Geburt der Gemeinde und ihrer bemerkenswerten Ausbreitung mit diesem prophetischen Ausdruck: „Hoffnung Israels".

Wenn wir die außergewöhnliche Art und Weise bedenken, mit der Paulus das komplexe Thema des jüdischen Volkes in seinem Brief an die Römer einführt (Kapitel 9-11), wird deutlich, dass die „Hoffnung Israels" nur nicht einfach eine Phrase war, die er benutzte, um die Juden zu gewinnen. Im Herzen seines Briefes behandelt er genau das Thema, das so viele in der Kirche heutzutage verwirrt: Ist es aus mit den Juden? Waren sie nur ein göttliches Sprungbrett für etwas anderes? Haben sie immer noch eine Bestimmung? Die Tatsache, dass Paulus die Judenfrage mitten in der großartigsten Darlegung des Evangeliums in der Bibel behandelt, zeigt ihre große Bedeutung. Diese Kapitel sind nicht, wie mancher sie beschrieben hat, eine zusätzliche Idee oder ein Zwischenspiel, nicht das Räsonieren eines brillanten Geistes oder eine theologische Theorie ohne Praxisbezug. Paulus spricht über das Herzstück der Absicht Gottes, die Nationen zu retten. Mit Worten, die nur der Heilige Geist ihm hat eingeben können, schreibt er: *„... im Blick auf die Erwählung sind sie Geliebte um der Väter willen. Denn Gottes Gaben und Berufung können ihn nicht gereuen"* (Römer 11,28-29). Wenn dem so ist, haben wir eine Erklärung für das moderne Israel und allen Krieg und Konflikt darum. Wenn seine Erwählung immer noch gilt und seine Gaben und Berufung unumstößlich sind, dann gibt es ein letztes Kapitel in Gottes Liebesgeschichte mit der Menschheit, und das hat mit Israel zu tun. Es muss noch geschrieben werden, aber geschrieben wird dieses Kapitel.

Mit Mut und Klarheit spricht Johannes Facius diese Themen an. Möge der Heilige Geist dem Volk Gottes durch das vorliegende Buch zu tieferem Verständnis verhelfen.

Lance Lambert

Kapitel 1

Den Tag des Herrn beschleunigen

Viele Christen sehen das Ende aller Dinge als ein längst festgelegtes Ereignis, einzig und allein von der Souveränität Gottes bestimmt. Streicht auch die Schrift deutlich heraus, dass niemand außer Gott Tag und Stunde weiß, so bedeutet dies doch nicht, dass wir es nicht mit gewissen Faktoren zu tun hätten, die letztlich den Zeitpunkt des Kommens des Messias und des definitiven Endes der Welt beeinflussen.

Im dritten Kapitel seines zweiten Briefes (Vv. 10 ff.) äußert der Apostel Petrus einen aufrüttelnden Gedanken:

> *Es wird aber der Tag des Herrn kommen wie ein Dieb; an ihm werden die Himmel mit gewaltigem Geräusch vergehen, die Elemente aber werden im Brand aufgelöst und die Erde und die Werke auf ihr im Gericht erfunden werden. Da dies alles so aufgelöst wird, was für Leute müsst ihr dann sein in heiligem Wandel und Gottseligkeit, indem ihr die Ankunft des Tages Gottes erwartet und beschleunigt, um dessentwillen die Himmel in Feuer geraten und aufgelöst und die Elemente im Brand zerschmelzen werden.*

Was Petrus hier andeutet, ist, dass die Lebensführung des Volkes Gottes – ob es mit Gott wandelt oder nicht, nach Heiligung strebt oder nicht – eine Auswirkung auf den Zeitpunkt des Endes dieser Welt, wie wir sie kennen, haben wird. Nach diesem Wort können wir als Gottes Volk das Kommen des Herrn und seines großen Tages beschleunigen – können wir aber das, so können wir es selbstverständlich auch verzögern. Das hängt ganz und gar davon ab, ob wir jener Forderung

Genüge tun: „heiliger Wandel und Gottseligkeit". Wir sollten uns deshalb klar machen, was das bedeutet. Heiligkeit gehört wohl zu den am meisten missverstandenen Themen überhaupt. Immer wieder ist sie in der Tradition der christlichen Kirche als ein Sich-Enthalten von bestimmten Dingen aufgefasst worden. Aus den Erfahrungen meiner eigenen Jugend erinnere ich mich, wie uns beigebracht wurde, Heiligung bedeute, sich von Rauchen, Alkoholgenuss, Kinobesuchen und überhaupt Spielfilmen fern zu halten und natürlich sexuell rein zu bleiben. Auch wenn es bestimmte Dinge gibt, derer wir uns in der Tat enthalten müssen, wenn wir ein heiliges Leben führen wollen, erschienen mir diese „Gebote" stets als gesetzlicher Katalog, und ich spürte, dass ich selbst dann, wenn ich es schaffte, all diesen Forderungen zu genügen, noch längst kein Heiliger sein würde. Seither habe ich gelernt, wie eine zutreffendere Vorstellung von Heiligkeit aussieht. Das Wort „heilig" bedeutet „abgesondert für" oder „beiseite gestellt, um ...", und es geht ihm viel mehr um das, *wofür*, als um das, *wovon* wir geheiligt sein sollen – genauer gesagt: für wen wir abgesondert sein sollen, nämlich *für den Herrn selbst*. Für mich sagt Heiligung viel mehr darüber aus, Jesus auf dem Fuß nachzufolgen, hundertprozentig seinem Weg, seinem Willen und seinem Wort hingegeben zu sein, als über moralische Vollkommenheit. Wäre moralische Vollkommenheit die Voraussetzung dafür, dem Herrn zu dienen und ein Leben zu führen, das einen Unterschied macht, so wäre kaum jemand dazu in der Lage. Gehen wir aber von ganzem Herzen auf den Ruf des Herrn und auf seinen Willen ein, wandeln wir in enger Verbundenheit mit ihm und im Gehorsam gegen sein Wort, so könnte es uns nach meiner Überzeugung gelingen, ein heiliges Volk zu sein. Und nur auf diesem Weg konsequenter, ganzheitlicher Hingabe an den Herrn und der Nachfolge Christi in Jüngerschaft können wir Schritt für Schritt in die „Gottseligkeit" hineinwachsen, das heißt in Christusähnlichkeit, so dass sein göttliches Wesen an uns sichtbar wird.

Daraus ist zu schließen, dass wir, wenn es uns tatsächlich gelingen soll, den Tag des Herrn zu beschleunigen, Menschen sein müssen, die in kompromissloser Hingabe an den Herrn und sein Reich leben. In der Kirche gibt es unheimlich viele gute, ehrbare Leute, die ihr Leben respektabel führen und sich bemühen, Abstand zu den Sünden dieser Welt zu halten, und doch haben wir es zugleich mit einem großen Mangel an Hingabe im Dienst des Herrn durch echtes Engagement fürs Reich Gottes zu tun. Der Herr sucht nach einem Volk, das willens ist, sich von ihm für die Zwecke gebrauchen zu lassen, die er in diesen letzten Tagen verfolgt, einem Volk, das in völliger Hingabe „die Ankunft des Tages Gottes" tatsächlich „erwartet und beschleunigt".

Selbstverständlich und in voller Überzeugung, dass es sich so verhält, gehe ich hier davon aus, dass alle geisterfüllten Gläubigen sich nach der Rückkehr des Messias und Gottes Endlösung für diesen Planeten sehnen. Halten wir in unseren Tagen Augen und Ohren offen, wissend, wie die Zeichen zu verstehen sind, die sich um uns und in der Welt insgesamt erfüllen, so ist uns vollkommen klar, dass es für die sterbende Menschheit keine andere Lösung geben kann als die baldige herrliche Wiederkunft des Messias. Politische Anstrengungen werden es nicht schaffen. Die Wissenschaft wird die Herausforderungen nicht bewältigen. Die Welt, wie wir sie heute kennen, fällt in Stücke, wie es ihr in gewisser Hinsicht vorherbestimmt ist. An Petrus' Worten gibt es nichts zu deuteln: Die Himmel werden „vergehen … und die Erde und die Werke auf ihr im Gericht erfunden" bzw., wie nach einigen NT-Handschriften auch zu lesen ist, „verbrannt werden". Ganz klar, dass wir unsere Hoffnungen nicht an dieser heutigen Welt festmachen, sondern nach einer neuen, besseren ausschauen. Wer immer das begriffen hat, kann nicht anders, als nach der Ankunft des Herrn und seinem herrlichen Tag zu rufen und hart daran zu arbeiten, dass sich dieses Ereignis beschleunigt.

Wann wird der Messias kommen?

Wie bereits gesagt, steht uns keinerlei Methode zur Verfügung, den genauen Zeitpunkt der Wiederkunft des Messias zu bestimmen. Die Schrift hält uns davon ab, dergleichen auch nur zu versuchen. Der Herr möchte uns nicht in Spekulationen und Berechnungen verstrickt sehen, die uns nur sinnlos Zeit und Energie kosten. Doch wie können wir dann zur Beschleunigung des Tages seiner Wiederkunft beitragen? Indem wir verstehen, dass die Bibel von bestimmten Dingen spricht, die erfüllt sein müssen, ehe der Messias auf diese Erde zurückkehren kann. Während ich in einer Pfingstgemeinde heranwuchs, hörten wir immer wieder von der nahe bevorstehenden Wiederkunft des Herrn. Zuweilen verkündete man diese herrliche Wahrheit mit leicht drohendem Unterton, um uns träge Jugendliche zu mehr evangelistischem Engagement herauszufordern, und jedenfalls wurde über dieses Thema in der Weise gepredigt, dass wir auf der Hut sein müssten, würde doch Jesus des Nachts wiederkommen: Also passe ein jeder auf, ja im Willen Gottes zu sein! Nun, Jesus kam in keiner der in Aussicht genommenen Nächte – schlicht und einfach deshalb, weil er in überhaupt keiner Nacht kommen kann, solange nicht bestimmte Voraussetzungen erfüllt sind.

Den Missionsbefehl restlos erfüllen

Eine dieser Voraussetzungen hängt mit der völligen Erfüllung des Missionsbefehls zusammen, wie wir in Matthäus 24,14 lesen:

Und dieses Evangelium des Reiches wird gepredigt werden auf dem ganzen Erdkreis, allen Nationen zu einem Zeugnis, und dann wird das Ende kommen.

Es ist der Herr Jesus selbst, der an dieser Stelle die Verkündigung des Evangeliums unter allen Nationen zur Vorbedingung für die Beendigung dieses Zeitalters, das heißt für seine leibliche Wiederkunft, macht. Damit wird uns ein konkreter, praktischer Weg gewiesen, uns an der Beschleunigung der Wiederkunft des Herrn zu beteiligen. Da wir wissen, dass es auf der Erde ungefähr 20.000 ethnische Gruppen (und nichts anderes bedeutet „Nationen") gibt, von denen nach wie vor mehrere tausend kein Zeugnis vom Reich Gottes vernommen haben, sollte die Kirche ihre Kräfte auf diese Gegebenheit konzentrieren. Traurig zu sagen, dass viele Kirchen unserer Zeit sich mehr um ihr eigenes geistliches Wohl drehen, als dass sie sich bemühten, all jene Stämme und Sprachgruppen zu erreichen, die keine Kenntnis vom Evangelium Jesu Christi haben. Der Herr, das Haupt der Kirche, erteilte seinen Jüngern diesen Befehl, und zweier Dinge können wir vollkommen sicher sein: Er wird ihn nicht selbst erfüllen, und er wird nicht wiederkommen, ehe sein Volk den Auftrag erfüllt hat, der ihm zuteil wurde. Scheitert die Kirche an der Erfüllung des Missionsbefehls, so kommt das einer Verzögerung des Tages der Ankunft des Herrn gleich!

Nach seiner Auferstehung verbrachte Jesus vierzig Tage in Gemeinschaft mit seinen Jüngern und lehrte sie, wie wir aus dem Anfang der Apostelgeschichte (1,3) wissen. Thema ihrer „Konferenz" waren „die Dinge …, die das Reich Gottes betreffen". Das Ungewöhnliche an dieser Lehreinheit war, dass die Jünger in Reaktion auf die Unterweisung durch den Herrn anscheinend nur ein einziges großes Thema im Kopf hatten: „Herr, stellst du in dieser Zeit für Israel das Reich wieder her?" (V. 6) Dass die Jünger mit dieser Frage herausrückten, macht deutlich, dass in Jesu Lehre über das Reich Gottes offenkundig Israel eine zentrale Rolle gespielt hatte, und zwar so, dass Israel in enge Verbindung zum Anbruch des Reiches Gottes gestellt wurde. Bitte beachten Sie, dass Jesus in seiner Antwort zwar nicht direkt auf das Thema Israel zu sprechen kommt, aber auch kein Wort gegen den Gedanken einer Wiederherstellung des Reiches Israel äußert. Das einzige, was er tut, ist, dass er diesen Punkt auf Gottes Zeitplan nach hinten verschiebt und die Jünger anweist, sich keinen Spekulationen über den Termin der Erfüllung dieser Verheißung hinzugeben, sondern ihr Augenmerk auf etwas zu richten, das zuvor in Erfüllung gehen muss:

> *Er sprach zu ihnen: Es ist nicht eure Sache, Zeiten oder Zeitpunkte zu wissen, die der Vater in seiner eigenen Vollmacht festgesetzt hat. Aber ihr werdet Kraft empfangen, wenn der Heilige Geist auf euch gekommen ist; und ihr werdet meine Zeugen sein, sowohl in Jerusalem als auch in ganz Judäa und Samaria und bis an das Ende der Erde. Vv. 7 f.*

Was benennt der Herr als Vorbedingung für die Wiederherstellung des Reiches Israel? Die Vollendung der Verkündigung des Evangeliums vom Reich Gottes als Zeugnis an alle Nationen. Ehe auf Erden das Zeitalter des vollendeten Reiches Gottes anbrechen kann, muss die Kirche Jesu Christi ihre Arbeit zu Ende bringen. Dies steht im Einklang mit der prophetischen Kundgebung des Apostels Paulus in Römer 11,25 f.:

> *… bis die Vollzahl der Nationen eingegangen sein wird; und so wird ganz Israel gerettet werden, wie geschrieben steht: „Es wird aus Zion der Erretter kommen …“*

Indem wir es uns angelegen sein lassen, an der Evangelisierung der unerreichten Volksgruppen der Erde teilzuhaben, engagieren wir uns tatsächlich für die Beschleunigung des Kommens des Erretters aus Zion, der Israel erlösen und sein herrliches Regiment auf Erden einläuten wird.

Die Heimkehr der Juden

Fassen wir einen weiteren Bereich ins Auge, der mit der Stadt Jerusalem zu tun hat. Folgende Worte des Messias lesen wir in Matthäus 23,37 ff.:

Jerusalem, Jerusalem, die da tötet die Propheten und steinigt, die zu ihr gesandt sind! Wie oft habe ich deine Kinder versammeln wollen, wie eine Henne ihre Küken versammelt unter ihre Flügel, und ihr habt nicht gewollt! Siehe, euer Haus wird euch öde gelassen; denn ich sage euch: Ihr werdet mich von jetzt an nicht sehen, bis ihr sprecht: „Gepriesen sei, der da kommt im Namen des Herrn!"

Jesu Adressat ist nicht die Gemeinde, die es zu diesem Zeitpunkt ja noch gar nicht gab. Er wendet sich an eine jüdische Stadt mit jüdischer Bevölkerung und schärft den Juden ein, dass sie Gottes Gericht zu erleiden haben werden, weil sie ihn als ihren Messias zurückgewiesen haben. Ihr Haus wird öde gelassen werden. Dies ist eine prophetische Aussage, die sich auf die Diaspora bezieht, die Zerstreuung des jüdischen Volkes unter alle Nationen, wie sie infolge der Zerstörung Jerusalems 70 n. Chr. eintrat. In Johannes 1,11 heißt es: „Er kam in das Seine, und die Seinen nahmen ihn nicht an." Auch wenn wir aus der Schrift wissen, dass erst die Zurückweisung des Messias durch die Juden die Ausbreitung der Guten Nachricht unter den Heiden ermöglichte, spricht diese Tatsache das jüdische Volk doch niemals von der Verantwortung für sein Handeln frei. Im Ergebnis der Zurückweisung des Messias durch die Juden wurde diesen ein weltweites Exil auferlegt. Doch wenn Gott das jüdische Volk auch straft, so hat er sich doch niemals von ihm abgewandt, sondern sein Versprechen gegeben, es eines Tages in sein angestammtes Land zurückzubringen. Jene wunderbare Heimkehr ist es, die im Mittelpunkt der herrlichen Aussage Jesu steht:

... ich sage euch: Ihr werdet mich von jetzt an nicht sehen, bis ihr sprecht: „Gepriesen sei, der da kommt im Namen des Herrn!"

Passen Sie auf, dass Ihnen hier nichts entgeht! Keineswegs sagt der Herr den jüdischen Bewohnern Jerusalems, sie würden ihn niemals wiedersehen. Was er sagt, ist, sie werden ihn nicht sehen, ehe sie bereit sind, ihn willkommen zu heißen. Als er zum ersten Mal kam, wurde ihm kein Willkommen entboten. Dem Messias liegt nichts daran, diese Situation erneut zu durchleben. Was Jesus hier tatsächlich sagt, ist, dass sein zweites Kommen sich nicht ereignen wird, bis es in Jerusalem eine jüdische Einwohnerschaft gibt, die ihn von ganzem Herzen willkommen heißen wird. Damit das geschehen kann, müssen logischerweise zunächst einmal die Juden, die vor beinahe 2000 Jahren aus Jerusalem vertrieben wurden, in die Stadt zurückkehren. Darüber hinaus müssen diese Juden Jesus als ihren Messias erkennen, denn wie sonst könnten sie ihn mit dem prophetischen Gruß der Heiligen Schrift „Gesegnet sei, der kommt im Namen des HERRN" (Ps. 118,26) willkommen heißen? Wir berühren hier etwas durchaus Prophetisches: Der Messias kehrt leiblich in das konkrete Jerusalem zurück, eine nach ihrer Zerstörung neuerbaute, wiederhergestellte und für ihren König geschmückte Stadt, angefüllt mit Juden, die die *Alija* vollzogen haben (ins Land ihrer Väter heimgekehrt sind) und ihrem geliebten Messias in seiner erlösenden Macht begegnet sind. Genauso, wie der Messias leiblich zurückkehrt, betritt er auch eine buchstäbliche, irdische Stadt, aber nicht New York, London oder Rom, sondern die ewige Stadt des jüdischen Volkes, Jerusalem.

Wenn die Gemeinde Jesu diese Wahrheit begreift, eröffnet sich ihr eine sehr reale Möglichkeit, an der Beschleunigung des Kommens des Messias teilzuhaben. Die Dinge liegen ja so: Bevor Jesus erneut den Menschen seines jüdischen Volkes begegnen kann, die ihn in überschwänglicher, lobpreisender Freude in der Stadt willkommen heißen werden, in der er einst abgewiesen und gekreuzigt wurde, müssen ebendiese jüdischen Menschen zunächst einmal in eine vollkommen wiederhergestellte, vorbereitete Stadt zurückgekehrt sein und dann auch Bekehrung und Erlösung erfahren haben. Im Licht all dieser Einsichten möchte ich sagen, dass sich uns hier in der Tat ein sehr realer Weg zur Beschleunigung der Wiederkunft des Herrn eröffnet. Diesen Weg gehen wir, indem wir um den Frieden Jerusalems beten und tun, was immer wir können, um die Rückkehr von Juden in das Land und die Stadt zu unterstützen, die der Gott Abrahams, Isaaks und Jakobs ihnen zu ewigem Besitztum zugesprochen hat.

Das prophetische Wort begreifen

Der Messias kann nicht irgendwann zurückkehren. Zuerst müssen bestimmte Weissagungen in Erfüllung gehen. Das verdeutlicht die Predigt Petri, wie sie in Apostelgeschichte 3,19 ff. niedergeschrieben ist:

> *So tut nun Buße und bekehrt euch, dass eure Sünden ausgetilgt werden, damit Zeiten der Erquickung kommen vom Angesicht des Herrn, und er den euch vorausbestimmten Jesus Christus sende. Den muss freilich der Himmel aufnehmen bis zu den Zeiten der Wiederherstellung aller Dinge, von denen Gott durch den Mund seiner heiligen Propheten von jeher geredet hat.*

Auch dieser Text betont nachdrücklich, dass die Wiederkunft des Herrn von der Erfüllung bestimmter Bedingungen abhängt. Es beschleicht einen beinahe das Gefühl, der Herr Jesus werde entgegen dem, was er selbst in Wirklichkeit wünscht, zurückgehalten. Er muss im Himmel verharren, bis die Bühne bereitet ist, die er für seine Wiederkehr braucht. Das zitierte Petruswort handelt von der Notwendigkeit von Buße und Erneuerung, wie sie Kernelemente jeder wahren

Erweckung sind. Und wie sehr brauchen wir in der Gemeinde Jesu echte geistliche Erweckung! Sicher, reden tut man viel über die Notwendigkeit von Buße und Erneuerung, aber nicht immer wird begriffen, worum es bei Buße, Erneuerung und Erweckung tatsächlich geht. In unserem Text werden diese Dinge direkt mit dem Kommen des Herrn in Verbindung gebracht. Es handelt sich also gar nicht so sehr darum, wie sehr wir alle diese geistliche Erweckung um unserer selbst willen benötigen, als um die Notwendigkeit, sich für die Wiederkunft Christi zu bereiten. Es scheint uns Gläubigen anzuhaften, dass wir die Dinge immer wieder unter dem Blickwinkel unserer eigenen Bedürfnisse und Erfordernisse sehen, eine Perspektive, in der es leicht dahin kommt, dass Buße um der Buße, Erneuerung um der Erneuerung und Heiligung um der Heiligung willen gesucht werden. Dabei sind all diese Dinge dazu gedacht, dass wir bereit werden, aufzustehen und uns dem Willen Gottes dienstbar zu machen, so dass geschieht und eingeleitet wird, was notwendig ist, ehe der Messias aus dem Himmel freigesetzt werden und auf die Erde zurückkehren kann. So gewiss wir es nötig haben, individuell und als Gemeinschaft geistlich zubereitet zu werden, brauchen wir diese Zubereitung, damit wir fähig sind, der herrlichen Wiederkehr des Herrn den Weg zu ebnen.

In diesem Sinne erschallt der Ruf nach Buße und Erneuerung: „damit … er den euch vorausbestimmten Jesus Christus sende“. Erst dann stellt sich die Frage, wie und wann er kommen wird, eine Frage, die die Bibel mit dem Wort beantwortet:

> *Den freilich muss der Himmel aufnehmen [oder zurückhalten] bis zu den Zeiten der Wiederherstellung aller Dinge, von denen Gott durch den Mund seiner heiligen Propheten von jeher geredet hat.*

Mit anderen Worten: Buße und Erneuerung sind dazu da, uns zu einem Instrument der Wiederherstellung aller Dinge zu bereiten, einer Wiederherstellung, über deren Wesen und Gehalt uns die prophetischen Schriften klare Auskunft erteilen. In der Eröffnung seiner Predigt spricht Petrus die „Männer von Israel“ an, und der Abschluss der betreffenden Textpassage, Apostelgeschichte 3,22-26, streicht heraus, dass es das Werk des Messias sowohl in seinem ersten als auch in seinem zweiten Kommen ist, in dem dem gesamten Bund Gottes mit Abraham und durch ihn mit dem jüdischen Volk seine letztgültige Erfüllung zugesichert ist:

> *Ihr seid die Söhne der Propheten und des Bundes, den Gott euren Vätern verordnet hat, als er zu Abraham sprach: „Und in deinem Samen werden gesegnet werden alle Geschlechter der Erde.“*

Alles, was Gott sich vornahm, als er das jüdische Volk auserwählte, wird erfüllt werden: Punkt für Punkt, bis ins kleinste Detail – alles, was durch seine heiligen Propheten von Anbeginn der Welt geredet wurde. Mehr als 700 Bibelstellen handeln ganz oder zum Teil, direkt oder indirekt von Gottes Verheißung, sein Volk aus all den Nationen, unter die es zerstreut wurde, zurückzubringen, den Juden das Land Israel wiederherzustellen, Jerusalem wiederaufzubauen usw. Weiter unten in diesem Buch werden wir uns mehr in die Einzelheiten gehend mit diesen Dingen auseinander setzen. Für den Moment mag es genügen zu unterstreichen, dass der Termin des Kommens des Messias von der Erfüllung biblischer Weissagungen abhängt und uns damit eine sehr reale Gelegenheit und Herausforderung eröffnet ist, an der Beschleunigung des Kommens des Messias teilzuhaben.

Seine Braut hat sich bereitet

> *Und ich hörte etwas wie eine Stimme einer großen Volksmenge und wie ein Rauschen vieler Wasser und*

wie ein Rollen starker Donner, die sprachen: Halleluja! Denn der Herr, unser Gott, der Allmächtige, hat die Herrschaft angetreten. Lasst uns fröhlich sein und frohlocken und ihm die Ehre geben; denn die Hochzeit des Lammes ist gekommen, und sein Weib hat sich bereitgemacht. Offb. 19,6 f.

Dieses Wort stellt klar: Das Kommen des Herrn und der Antritt seiner Königsherrschaft setzen ein mit der Hochzeit des Lammes. Es ist nur logisch, dass die Hochzeit erst stattfinden kann, wenn die Braut dazu bereit ist. Darum heißt es: „Sein Weib hat sich bereitgemacht.“ Gibt es keine vorbereitete, entschlossene Braut, so kann keine Hochzeit stattfinden. Sagen wir so: Die Hochzeit muss aufgeschoben werden, bis die Braut soweit ist. Aus Gründen, die im Herzen Gottes verborgen und unserem Verständnis entzogen sind, wird der Herr sein Königtum nicht allein antreten. Von allem Anbeginn an plante der Vater, seinem Sohn eine passende Frau zu schaffen, heranzuziehen und zuzubereiten. Dieses eheliche Gegenüber besteht aus der Gemeinschaft der Erlösten, die Gott erwählt hat, einer Gemeinschaft, die sich aus Menschen seines alten Bundesvolkes und seiner neuen Bundesgemeinde zusammensetzt. Das sind die Menschen, von denen es heißt: Er hat uns gemacht „zu einem Königtum, zu Priestern seinem Gott und Vater“ (Offb.1,6); „Sie werden Priester Gottes und des Christus sein und mit ihm herrschen tausend Jahre“ (20,6).

Erstaunlich an unserem Text von der Hochzeit des Lammes ist, dass es heißt: „… sein Weib hat sich bereit gemacht“. Der Text bezieht sich auf die Kirche als Braut Christi und macht also deutlich, dass die Zubereitung der Braut für die Hochzeit kein automatisch ablaufender Prozess ist, nicht etwas, das der Herr für uns tut. Wir müssen uns selbst zubereiten. An der Zubereitung und Vollendung der Gemeinde müssen wir arbeiten, und dafür müssen wir beten, weil der Herr nicht kommen wird, ehe seine Braut sich bereitet hat. Hängt der Zeitpunkt, zu dem der Bräutigam erscheint, vom

Vorbereitetsein seiner Braut ab, so sehen wir hier einen Bereich, in dem wir das Kommen Christi beeinflussen können, entweder indem wir es beschleunigen oder indem wir es verzögern. Es scheint, dass der Herr nicht bereit ist, seine Königsherrschaft anzutreten, solange er keine passende Frau hat, mit der er seine Herrschaft und Herrlichkeit teilen kann.

Ebendiesen Gedanken treffen wir wieder in Römer 8,18-22, einem Abschnitt der Heiligen Schrift, in dem Paulus unsere eigentliche Bestimmung als gläubige Menschen enthüllt, nämlich dass wir Erben Gottes und Miterben Christi sind. Der Zusammenhang macht klar, dass das, was wir ererben, Teilhabe an der wunderbaren Regentschaft des Messias in seinem künftigen Königreich ist. Das zielt auf die völlige Freisetzung der gesamten Schöpfung Gottes, nicht der Menschheit allein, sondern der ganzen physischen Schöpfung, die im gegenwärtigen Zeitalter der Sünde und Verderbnis stöhnt und leidet, sich danach sehnend, „von der Knechtschaft der Vergänglichkeit frei gemacht [zu] werden … zur Freiheit der Herrlichkeit der Kinder Gottes". Wann und wie wird sich diese Befreiung vollziehen? Auf was, besser: auf wen wartet die Schöpfung?

Denn das sehnsüchtige Harren der Schöpfung wartet auf die Offenbarung der Söhne Gottes.

Indem wir aus der Gesamtaussage des Wortes Gottes wissen, dass die Wiederherstellung der Schöpfung Gottes dem Kommen des Messias und dem Anbruch seines Reiches des Friedens und der Gerechtigkeit folgen wird, ersehen wir aus diesem verblüffenden Satz des Apostels Paulus, dass die Wartezeit an die Geschwindigkeit gebunden ist, in der die „Söhne Gottes" zu jener Reife heranwachsen, die sie nötig haben, um als Regierungspartner an der Königsherrschaft Christi teilzunehmen. Mithin stehen wir vor einem weiteren Bereich, in dem es an uns ist, das Kommen des Herrn der Schöpfung entweder zu beschleunigen oder zu verzögern.

Einigen mag die ganze hier angesprochene Idee, dass unser Verhalten Auswirkungen auf den Termin des Kommens des Messias hat, neu sein. Ich meine, wir sollten uns den hier angerissenen biblischen Erwägungen öffnen. Vielleicht erkennen wir so, warum Jesus bisher nicht zurückgekehrt ist. Vielleicht kann uns die Schrift herausfordern, nicht bloß passiv herumzuhängen, sondern aktiv daran teilzuhaben, dass sich die biblischen Voraussetzungen erfüllen, damit der Herr nicht länger im Himmel zurückgehalten wird.

Kapitel 2

Biblische Prophetie in Erfüllung bringen

In der Kirche gibt es Menschen, unter ihnen sogar geistliche Leiter, die jeden Gedanken daran, dass Gottes Volk an der Erfüllung biblischer Weissagungen beteiligt sein könnte, zurückweisen würden. Diese Leute vertreten die Meinung, wenn Gott ein prophetisches Wort spreche, sei es auch an ihm, es auf seine Weise und zu seiner Zeit zu erfüllen. Zweifellos gibt es in der Bibel prophetische Aussagen, zu deren Erfüllung keinerlei menschliches Mitwirken erforderlich ist. Studieren wir aber das prophetische Wort, so werden wir herausfinden, dass die Anzahl solcher Weissagungen sehr gering ist. Zumeist gehen Weissagungen durch das Zusammenwirken Gottes mit seinen Dienern in Erfüllung.

Diese Überlegungen sollen uns nicht zu Spekulationen darüber verleiten, dass der Herr etwa prinzipiell nichts für sich allein tun wolle. Ohne Frage könnte er sein Werk allein besser und rascher vollenden. Nun liegen die Dinge aber so, dass das Wort Gottes uns in überwältigender Deutlichkeit bezeugt, dass Gott den Wunsch hegt, in Gemeinschaft mit seinem Volk zu wirken. Leicht zu verstehen ist das gewiss nicht, hat doch jemand einmal mit Recht gesagt, wir als Gottes Volk brächten ihm doch nicht viel mehr als einen Haufen Schwierigkeiten ein.

Wie wir alle wissen, hat Gott nicht seine mächtigen Engel dazu erwählt, in aller Welt das Evangelium zu verbreiten. Auch wenn diese Methode Menschen womöglich weitaus mehr beeindruckt haben würde, entspricht sie einfach nicht seiner Art. Wie Jesus es anordnete, sollte die Gute Nachricht durch die Jünger gepredigt werden: „Geht hin in alle Welt.“ Im nächsten Satz versprach er ihnen, bis zum Ende des Zeitalters mit ihnen zu sein. Durch ein partnerschaftliches Verhältnis zwischen Gott und seiner Kirche sollte es geschehen, dass die Botschaft von der Erlösung der ganzen Menschheit mitgeteilt würde.

Bedenken wir nur für einen Moment die Idee, Weissagungen seien grundsätzlich selbsterfüllend und wir bräuchten uns über ihre Erfüllung keinerlei Gedanken zu machen, so geraten wir stehenden Fußes in mancherlei Probleme. Ziehen wir als Beispiel die Geschichte des Propheten Jona und seines Auftrags für die Stadt Ninive heran. Gott war über die Dinge in Ninive erzürnt, weil dort Gottlosigkeit und Sünde überhand nahmen. Prophetisch wurde über Ninive ausgesprochen: „Noch vierzig Tage und Ninive ist zerstört!“ (Jona 3,4) Der Stadt wurde also Verheerung angedroht. Gott sei Dank erfüllte diese Prophetie sich nicht selbst! Der Herr war auf Jonas Kooperation aus – und wieviel Schwierigkeiten häufte gerade dieser halsstarrige Prophet Gott auf! Doch schließlich machte Jona sich auf, und die ganze Sache kam zu einem glücklichen Ende. Mich macht es froh zu sehen, dass es Gott um unsere Mitarbeit zu tun ist und dass uns bei der Erfüllung des Wortes Gottes sehr wohl eine wichtige Rolle zukommt.

Sagte der Herr nicht einst: „Und ich suchte einen Mann unter ihnen, der die Mauer zumauern und vor mir für das Land in den Riss treten könnte, damit ich es nicht verheeren müsste; aber ich fand keinen“ (Ez. 22,30)? Welch eine Herausforderung, die uns damit entgegentritt!

An anderer Stelle sagt die Schrift: „Er sah, dass kein Mann da war, und er wunderte sich, dass es keinen gab, der Fürbitte tat. Da half ihm sein Arm, und seine Gerechtigkeit, sie unterstützte ihn“ (Jes. 59,16). Infolge mangelnder menschlicher Mitarbeit wurde das Volk Israel von einer niederschmetternden Katastrophe heimgesucht.

Wir wissen alle, dass wir ohne den Herrn nichts tun können. „Ohne mich könnt ihr nichts tun“, sagte Jesus. Was wir oft nicht erkennen, ist, dass Gott, obwohl er es ohne weiteres könnte, nichts ohne uns tun mag.

In Ezechiel 36 offenbart der Herr in einer ganzen Reihe von Prophetien allerlei, was er tun will, um sein Volk Israel wiederherzustellen: Er will die Menschen seines Volkes zurückholen aus den Nationen in ihr angestammtes Land. Er will sie mit klarem Wasser besprengen und von aller Sünde reinigen. Er will ihnen ein neues Herz geben, einen neuen Geist ihnen einpflanzen, indem er ihr steinernes Herz herausreißt und es durch ein fleischernes ersetzt – nur ein paar von vielen Dingen, von denen der Herr sagt, dass er sie für und mit Israel tun werde. Liest man all diese herrlichen Verheißungen, so bekommt man das Gefühl, der Herr werde diese Dinge ganz allein tun, was er natürlich ohne weiteres könnte. Am Ende des Kapitels jedoch stoßen wir auf folgende erstaunliche Aussage des Herrn:

> *Auch noch darin werde ich mich vom Haus Israel bitten lassen, es für sie zu tun ... V. 37*

Mit anderen Worten: Hier sagt der Herr, er werde all dies für sein Volk unter der Voraussetzung tun, dass ebendieses Volk ihn darum bittet! Das ist nicht leicht zu begreifen, enthält aber eine ungemein tiefe geistliche Wahrheit: Obwohl Gott all dies für sein Volk tun kann und tun wird, wird er es doch nicht umsetzen, solange sein Volk ihn nicht spezifisch bittet, es zu tun. In dieser Tatsache liegt das ganze Geheimnis des Gebets. Im Zuge seiner Lehre übers Beten trifft Jesus vor seinen Jüngern folgende ungewöhnliche Feststellung: „... euer Vater weiß, was ihr benötigt, ehe ihr ihn bittet“ (Mt. 6,8). Das ergibt dem menschlichen Denken keinen Sinn. Wenn der Vater längst weiß, was wir brauchen, noch ehe wir unseren Mund aufmachen, um ihn zu bitten, wieso gibt er uns dann nicht ohne alle Umschweife, was wir brauchen – einfach so? Wir finden hier zweierlei betont: zum einen Gottes absolute Souveränität, in der er alles schon von vornherein kennt; zum anderen aber seinen Wunsch, uns in sein Handeln einzubinden, aus dem heraus er immer noch von uns gebeten sein will.

Zusammenwirken mit Gott in der Alija

Der Auszug aus Ägypten

Befassen wir uns mit ein paar Stellen der Bibel, die uns klar machen, dass wir berufen sind, Gott dabei zu helfen, sein auserwähltes Volk heimzuführen.

Betrachten wir den ersten Auszug der Israeliten, den aus Ägypten, so erkennen wir, dass es sich dabei um die Erfüllung einer Verheißung handelte, die Gott Abraham gegeben hatte:

Und er sprach zu Abram: Ganz gewiss sollst du wissen, dass deine Nachkommenschaft Fremdling sein wird in einem Land, das ihnen nicht gehört; und sie werden ihnen dienen, und man wird sie unterdrücken vierhundert Jahre lang. Und in der vierten Generation werden sie hierher zurückkehren; denn das Maß der Schuld des Amoriters ist bis jetzt noch nicht voll. Genesis 15,13.16

Exodus 12,40 f. berichtet davon, wie der Herr diese Worte in Erfüllung gehen ließ:

Die Zeit des Aufenthaltes der Söhne Israel aber, die sie in Ägypten zugebracht hatten, betrug 430 Jahre. Und es geschah am Ende der 430 Jahre, ja es geschah an eben diesem Tag, dass alle Heerscharen des HERRN aus dem Land Ägypten auszogen.

Haben wir die hier gebrauchte Formulierung „und es geschah" so zu lesen, dass der Herr in dieser Situation souverän und ohne irgendwelches Mitwirken von menschlicher Seite handelte? Nicht im Geringsten! Das Handeln Gottes begann überhaupt erst als Antwort auf das Rufen seines verfolgten Volkes in Ägypten:

Und die Söhne Israel seufzten wegen ihrer Arbeit und schrien um Hilfe. Und ihr Geschrei wegen der Arbeit stieg auf zu Gott. Da hörte Gott ihr Ächzen, und Gott dachte an seinen Bund mit Abraham, Isaak und Jakob. Und Gott sah nach den Söhnen Israel, und Gott kümmerte sich um sie. Exodus 2,23 ff.

Wenn man das liest, kommt es einem beinahe so vor, als hätte Gott das Elend seines Volkes vergessen und sich erst, nachdem der Lärm ihres Geschreis zu ihm aufgestiegen war, bewegen lassen, ihre Befreiung ins Werk zu setzen. Sicher war es nicht so, aber die Begebenheit zeigt, wie der Herr sich mit den Gebeten seines Volkes eins machte, um all die Verheißungen zu erfüllen, die er ihm gegeben hatte. Unsere Gebete sind Antwort auf seinen souveränen Willen, wie er uns in seinem Wort geoffenbart ist. Und sein Handeln, durch das er das Wort umsetzt, ist wiederum Antwort auf unser Schreien und Bitten. Es ist von großer Bedeutung, dass der Text des Exodusbuches gleich anschließend fortfährt: „Mose aber weidete die Herde …" (3,1) und im weiteren Kapitel 3 dann geschildert wird, auf welch wunderbare Weise Gott sich dem Mose im brennenden Dornbusch offenbarte und ihm daraufhin den Befehl erteilte, zum Pharao zu gehen und ihn mit dem berühmten Befehl Gottes zu konfrontieren: *Lass mein Volk ziehen!* So sehen wir also, dass sich schon der erste Auszug Israels im Zusammenwirken zwischen dem Herrn und seinem Volk vollzog.

Die Heimkehr aus Babylon

Die Heimkehr der Juden aus ihrem babylonischen Exil wird gemeinhin nicht als Exodus betrachtet. Unter einem solchen verstehen wir die Rückkehr der Gesamtheit des Volkes, wie es beim Auszug aus Ägypten der Fall war und auch beim zweiten und definitiven Exodus des jüdischen Volkes aus allen Nationen sein wird, der sich am Ende dieses Zeitalters zutragen wird. Dieser Zweite Exodus ist bereits in vollem Gange.

Der Grund dafür, dass der Herr die Juden ins babylonische Exil ziehen ließ, war deren fortgesetzter sündhafter Ungehorsam. Doch versprach er, sie nach einer Zeitspanne von siebzig Jahren aus ihrer Gefangenschaft zu befreien und in ihre Heimat zurückzuführen. Diese Verheißung klang folgendermaßen:

> *Denn so spricht der HERR: Erst wenn siebzig Jahre für Babel voll sind, werde ich mich euer annehmen und mein gutes Wort, euch an diesen Ort zurückzubringen, an euch erfüllen. Jer. 29,10*

Und wie setzte der Herr die Erfüllung dieser Weissagung wohl in die Tat um? Geschah das durch eine Art übernatürlicher Entrückung, oder spielte menschliches Mitwirken irgendeine Rolle dabei?

Wenden wir uns dem Buch Daniel zu, so sehen wir, wie alles begann:

> *... im ersten Jahr seiner [des Darius] Königsherrschaft achtete ich, Daniel, in den Bücherrollen auf die Zahl der Jahre, über die das Wort des HERRN zum Propheten Jeremia geschehen war, dass nämlich siebzig Jahre über den Trümmern Jerusalems dahingehen sollten. Und ich richtete mein Gesicht zu Gott, dem Herrn, hin, um ihn mit Gebet und Flehen zu suchen, in Fasten und Sack und Asche. 9,2 f.*

Daniel lebte in enger Gemeinschaft mit seinem Gott. Tagtäglich sprach er seine Gebete, das Fenster Richtung Jerusalem weit geöffnet. Er befasste sich mit den heiligen Schriften, und als er eines Tages über das Buch Jeremia nachsann, entdeckte er, dass sich die verheißene Zeitdauer von siebzig

Jahren für das babylonische Exil ihrem Ende zuneigte. Durch diese Aufmerksamkeit erwies sich Daniel als wirklicher Wächter. Von einem wirklichen Wächter darf man erwarten, dass er mit dem prophetischen Wort wohlvertraut ist und einen Begriff von den Zeitverhältnissen auf Gottes prophetischer Tagesordnung hat. Um es ein wenig einfacher auszudrücken: Wenn wir wirkliche Wächter sein wollen, müssen wir die aufgeschlagene Bibel in der einen Hand und in der anderen eine gutgestellte Uhr haben.

Als Daniel seine bahnbrechende Entdeckung gemacht hatte, hätte er es sich in seinem Lehnstuhl bequem machen, den Herrn preisen und passiv darauf warten können zu sehen, wie der Herr ihn und sein Volk denn nun nach Juda und Jerusalem zurückbringen würde. Doch Daniel war auf der Stelle klar, dass diese Offenbarung aus dem prophetischen Wort Gottes einen Ruf an ihn beinhaltete, aktiv zu werden. Also begann er stehenden Fußes, den Herrn in Gebet und Fasten zu suchen, und bekannte seine eigene Sünde wie die seines Volkes – jene Sünde, die den Herrn schließlich dazu gezwungen hatte, die Juden aus dem verheißenen Land zu verbannen. Dieses Gebetsengagement wurde zum ersten Schritt seines Beteiligtseins an der Rückkehr aus dem Exil. Doch damit hatte es keineswegs sein Bewenden, hatte doch der Herr längst vorgesorgt, indem er Daniel in eine überaus strategische Stelle im persischen Reich hatte aufrücken lassen: Er war der zweitmächtigste Mann nach dem Großkönig selbst. Ohne Zweifel verfehlte sein enormer Einfluss seine Wirkung auf das Herz des Königs nicht, so dass dieser eine wohlwollende, freundliche Haltung gegenüber dem Projekt einer Rückführung des jüdischen Volkes nach Israel einnahm. An diesem Beispiel erkennen wir ein geistliches Grundmuster. Der erste Schritt besteht darin, Offenbarungswissen über das prophetische Wort in seinem Zusammenhang mit zeitgenössischen Elementen der Umsetzung von Gottes prophetischen Plänen zu erlangen; und dann wird das Wort uns ins Gebet ziehen. Wann immer wir von Gott ein Wort oder eine Vision empfangen, sollten wir zuallererst durch

Gebet antworten. Reagieren wir nicht als Beter, so laufen wir die sehr reale Gefahr, der Vision im Fleisch zur Verwirklichung verhelfen zu wollen. Es genügt ja nicht, zu wissen, was Gott von uns möchte. Wir brauchen auch Klarheit darüber, auf welche Weise und zu welcher Zeit er möchte, dass wir vorwärtsgehen. Verharren wir nicht im Gebet, bis der Herr uns das Wie und Wann zeigt, so werden wir höchstwahrscheinlich ein Chaos anrichten. Um die Berufung, die Gott auf sein Leben gelegt hatte, wusste Mose schon, als er noch ein ägyptischer Prinz am Hof des Pharao war. Als er vor der Zeit versuchte, diesen Ruf in die Tat umzusetzen, tötete er vor lauter Eifer um die Sache seiner Landsleute und Mitleid mit ihnen einen Ägypter und begrub ihn im Sand. Wohin das führte, wissen wir: vierzig Jahre in der Wüste, in denen er lernen musste zu warten, bis Gott die Initiative ergriff, was in dem Ereignis am brennenden Dornbusch geschah. Die Lebensgeschichte des Mose hat drei Abschnitte: vierzig Jahre im Fleisch, vierzig Jahre am Kreuz und vierzig Jahre im Geist. Besser, dass wir Zeit mit Gott im Gebet verbringen, ehe wir darangehen, die Dinge des Reiches Gottes in die Wege zu leiten.

Nachdem das gesagt ist, muss ebenso hervorgehoben werden, dass Gebet allein nicht genügt. Unter den Gläubigen gibt es eine Tendenz, von der ich für meinen Teil nach vielen Jahren des Gebetsdienstes wohl ein Lied singen kann, nämlich zu meinen, wir müssten nichts anderes tun als zu beten; der Rest komme dann schon von Gott. Auf diese Weise kann Gebet geradezu eine Ausrede dafür werden, dass wir Gottes Willen nicht tun. Ebenso wie das Wort uns ins Gebet zieht, wird das Gebet uns irgendwann dazu bewegen, das zu tun, wofür wir beten. Viele Gläubige teilen die Erfahrung, dass hingegebener, intensiver Gebets- und Fürbittedienst es häufig mit sich bringt, dass wir irgendwann den Auftrag verspüren, die Antwort auf unsere eigenen Gebete mit in die Tat umzusetzen. In pfingstlichen Kreisen gibt es ein altes Sprichwort, das genau die falsche Richtung weist: „Hier bin ich, Herr – sende meine Schwester!“ Das war natürlich niemals anders denn ironisch gemeint, entlarvt aber, wie wir allzuoft denken: nämlich so, dass uns nur der „geistliche" Teil des Betens zukomme, während wir andere aufgefordert sehen, hinzugehen und sich draußen auf dem Feld der Arbeit die Hände schmutzig zu machen. Denken wir an das mahnende Wort des Apostels Jakobus, darauf zu achten, dass wir nicht bloß Hörer des Wortes sind, sondern auch Täter. Sonst geschieht allzu leicht, wovor er warnt: dass wir uns selbst täuschen.

Unsere Teilhabe am definitiven Exodus

Betrachten wir den definitiven Exodus, das heißt die letzte Heimkehr der Juden aus allen Nationen in das Land, das Gott ihnen als ewiges Besitztum zugesprochen hat, so erkennen wir, dass dasselbe Prinzip, das den ersten Exodus wie auch die Rückkehr der Juden aus dem babylonischen Exil bestimmte, auch hier gilt.

In Jeremia 16,14 ff. trifft der Herr folgende bemerkenswerte prophetische Feststellung:

Darum siehe, Tage kommen, spricht der HERR, da wird man nicht mehr sagen: So wahr der HERR lebt, der die Söhne Israel aus dem Land Ägypten heraufgeführt hat! – sondern: So wahr der HERR lebt, der die Söhne Israel aus dem Land des Nordens heraufgeführt hat und aus all den Ländern, wohin er sie vertrieben hatte! Und ich werde sie in ihr Land zurückbringen, das ich ihren Vätern gegeben habe. Siehe, ich will zu vielen Fischern senden, spricht der HERR, die sollen sie fischen. Und danach will ich zu vielen Jägern senden, die sollen sie jagen von jedem Berg und von jedem Hügel und aus den Felsenklüften.

Hier verdeutlicht der Herr, dass der zweite, endgültige Exodus solch ein überwältigendes historisches Ereignis sein wird, dass dagegen der erste fast zur Bedeutungslosigkeit verblassen muss. Und das wird den Juden widerfahren, gerade ihnen, für die der Auszug aus Ägypten von jeher etwas so Heiliges war, dass sie sich fortwährend daran erinnern sollten. Für einen Juden ist es so gut wie undenkbar, sich an die Befreiung aus der ägyptischen Sklaverei nicht mehr feiernd erinnern zu sollen. Das lässt uns ahnen, wie groß und gewaltig jener letzte Exodus sein wird, in dem der Herr sich anschickt, sein Volk von den vier Enden der Erde zurückzubringen.

Wenn der Herr nun sagte: „Ich werde sie zurückbringen", legt er damit nahe, dass es sich um ein übernatürliches Ereignis handeln werde, das keinerlei menschliches Mitwirken nötig hätte? Manchmal denke ich, dass es doch toll wäre, wenn der Herr uns die Arbeit abnehmen und das alles einfach alleine machen würde. Keine Frage, dass er das könnte, ebenso wenig, dass ihm das mancherlei Ärger ersparte – und uns obendrein. Ohne weiteres könnte ich mir vorstellen, wie der Herr so etwas wie eine Entrückung der Juden da draußen in der Diaspora arrangierte, indem er sie in die Lüfte emporhöbe, über dem Nahen Osten in Sinkflug gehen und schließlich allesamt ins Verheißene Land Israel einschweben ließe. Und wie gesagt: Solch eine dramatische Aktion Gottes würde uns eine Menge Arbeit und Schweiß ersparen. Ich erinnere mich an einen Tag, an dem ich zu Gott betete, er möge doch bitte genau das tun. Dieses Gebet ist noch nicht wirklich erhört worden, und ich weiß ja auch, dass das niemals geschehen wird. Es ist einfach so, dass Gott so nicht arbeitet, wenn es um die Erfüllung seiner Verheißung der Rückkehr der Juden nach Israel geht. Das weiß ich, weil er selbst sagt, um diese *Alija* zu verwirklichen, werde er „zu vielen Fischern senden" und danach „zu vielen Jägern". Ganz bestimmt wird niemand meinen, hier rede der Herr von „Engeln", wie mir vor einiger Zeit jemand weiszumachen versuchte. Sollte es sich bei den hier erwähnten Fischern und Jägern nicht um menschliche Wesen handeln, so wüsste ich nicht, was überhaupt gemeint sein sollte. Christen wissen sehr gut, was „Fischer“ sind. Denken wir daran, wie der Herr seine Jünger zu sich rief und sagte: „Ich will euch zu Menschenfischern machen.“ Kein Zweifel, dass die Evangelisierung der Welt von Männern und Frauen bewerkstelligt werden sollte, die Christus nachfolgten. Ein frühes christliches Bekenntniszeichen war der Fisch (griechisch *Ichthys.* Das Wort ist ein Akronym der Anfangsbuchstaben der griechischen Wörter *Iesous Christos Theou Yios Soter,* „Jesus Christus, Gottes Sohn, Retter“). Damit offenbarte man sich als Jünger Jesu. Wir kleben dieses Zeichen ja gerne an unsere Autos, damit wir uns im Straßenverkehr gegenseitig als Brüder und Schwestern erkennen. Und nun sagt uns das zitierte Jeremiawort, dass wir noch mehr tun können, als Menschen fürs Evangelium zu fischen. Wir können uns auch daran beteiligen, Juden zu fischen, damit sie ins verheißene Land zurückkehren. Tausende von Juden sind in den letzten zehn Jahren von christlichen Dienstwerken im Land des Nordens (der früheren Sowjetunion) „aufgefischt“ und auf den Weg der Heimkehr nach Israel gebracht worden – der ideale Weg, den der Herr seinem auserwählten Volk zur Verwirklichung seiner *Alija* anbietet. Auf diese Weise können die Juden unter friedlichen Umständen heimkehren und sogar einen Teil ihres Hab und Guts mitnehmen. Sollten sie aber dem Ruf des Herrn nicht freiwillig folgen, so wird er einen zweiten Mechanismus ansetzen, nämlich die Jäger beauftragen, die Nachhängenden zusammenzutreiben. Die davon Betroffenen werden den Eindruck erwecken, eine Menge Schmerzen und einschneidende Verluste erdulden zu müssen. Eines macht das Wort Gottes durchaus klar: Keinen Einzigen von ihnen wird der Herr draußen in der Diaspora lassen (Ez. 39,28).

Wir fragen uns, wer wohl jene Fischer sind. Für mich liegt auf der Hand, dass der Herr sowohl Juden (Zionisten) als auch Christen aus seiner Kirche zu diesem Dienst auffordert, und genau das geschieht ja auch in unseren Tagen. Die *Jewish Agency* bemüht sich Hand in Hand mit christlichen Werken, das auserwählte Volk Gottes bei seiner *Alija* zu unterstützen. Wie kommen wir darauf, dass Christen sich an derlei Bemühungen beteiligen sollten? Durch die Worte der Propheten alter Zeit – wie sonst?

Bei Jesaja finden wir Folgendes:

So spricht der Herr, HERR: Siehe, ich werde meine Hand zu den Nationen hin erheben und zu den Völkern hin mein Feldzeichen aufrichten. Und sie werden deine Söhne auf den Armen bringen, und deine Töchter werden auf der Schulter getragen werden. Und Könige werden deine Wärter sein und ihre Fürstinnen deine Ammen. Sie werden sich vor dir niederwerfen mit dem Gesicht zur Erde und den Staub deiner Füße lecken. Da wirst du erkennen, dass ich der HERR bin: die auf mich hoffen, werden nicht beschämt werden. 49,22 f.

Dieses Wort des Herrn richtet sich an Israel. Gott sagt, er werde den Nationen, den Völkern, also den Heiden, eine sehr nachdrückliche Botschaft zukommen lassen, nämlich sie herausfordern, sich an der Heimbringung seines auserwählten Volkes zu beteiligen. Dabei geht es nicht bloß darum, den Juden Sympathie zu erweisen, für sie zu beten oder ihnen Gutes zu wünschen. Es ist ein Ruf, ganz praktisch die Ärmel hochzukrempeln und Mitarbeit zu investieren, damit sie nach Hause kommen. „Sie werden deine Söhne auf den Armen bringen", sagt der Herr, „und deine Töchter werden auf der Schulter getragen werden." Wir als Heiden sollen uns ganz praktisch um Gottes Auserwählte kümmern. Das Wort spricht von jenen, die dem jüdischen Volk „Wärter" und „Ammen" sein werden. Der Herr macht deutlich, dass die Mitarbeit der Heiden an der *Alija* den Juden zum Zeugnis gereichen wird, durch das sie ihn als den Herrn erkennen werden. In der Gemeinde Jesu gibt es Leute, die uns, die wir an der *Alija* mitarbeiten, angreifen, weil wir die Juden nicht erst evangelisieren, bevor wir ihnen zur Heimkehr verhelfen. Solche Leute haben nicht begriffen, worin der prophetische Sinn der *Alija* besteht. Zunächst ist zu konstatieren, dass der Herr an keiner Stelle im prophetischen Schrifttum gesagt hat, er werde ein bereits errettetes jüdisches Volk in sein Land zurückbringen. Vielmehr sagte er, die Leute würden als „verdorrte Gebeine" zusammengelesen werden, also ohne jedwedes geistliches Leben in sich. Sobald sie aber zurückgebracht worden seien, werde er sie zu einer Nation formen, um dann seinen Geist über sie auszugießen und sie zu erretten (Ez. 36). In einem anderen Wort (Jes. 43,5-9) spricht der Herr von der Heimführung eines blinden Volkes. Was wir aus dem Wort in Jesaja 49 gerade herausgelesen haben, ist, dass durch die Beteiligung der Heiden an der *Alija* das Volk Israel zu der Einsicht kommen wird, der Gott Israels sei wirklich Herr. Ohne Zweifel bringt der Herr sein Volk nach Hause, weil er sich ihm als der Messias offenbaren will. Hören wir sein Wort aus Ezechiel 20:

> *Und ich werde euch aus den Völkern herausführen und euch aus den Ländern, in die ihr zerstreut worden seid, mit starker Hand und mit ausgestrecktem Arm und mit ausgegossenem Grimm sammeln. V. 34*
>
> *Denn auf meinem heiligen Berg, auf dem hohen Berg Israels, spricht der Herr, HERR, dort wird mir das ganze Haus Israel insgesamt dienen im Land. Dort werde ich sie wohlgefällig annehmen ... V. 40*
>
> *Beim wohlgefälligen Geruch eurer Opfer werde ich euch wohlgefällig annehmen, wenn ich euch aus den Völkern herausführe und euch aus den Ländern sammle, in die ihr zerstreut worden seid, und ich mich an euch als heilig erweise vor den Augen der Nationen. V. 41*
>
> *Und ihr werdet erkennen, dass ich der HERR bin, wenn ich euch in das Land Israel bringe, in das Land, über*

das ich meine Hand zum Schwur erhoben habe, es euren Vätern zu geben. V. 42

Wie sollte man es noch deutlicher sagen? Zu sich selbst bringt der Herr sein Volk zurück, indem er ihm seinen Messias offenbart, nachdem er es in sein Land zurückgeführt hat. Das bedeutet: Die Juden nach Israel zurückführen heißt, sie zur Errettung führen. Es handelt sich also um ein Werk mit klarer evangelistischer Zielsetzung. Wer darauf besteht, die Juden müssten gerettet werden, ehe sie nach Hause kommen, verrät, dass er die faktische Situation der *Alija* nicht kennt. Gemäß der rabbinischen Bestimmung, die die Wurzel des Rückkehrgesetzes bildet, welches die gesamte Immigration der *Olim* steuert, verwirkt ein Jude, der die Erlösung annimmt und so zum messianischen Juden wird, das Recht der Einwanderung nach Israel. In judaistischen Augen kann man einen Juden, der Christ geworden ist, überhaupt nicht mehr als Juden ansprechen. Einem bekehrten Juden steht das israelische Bürgerrecht nicht zu. Wer also seiner Arbeit diese „Theologie" zugrunde legen möchte, macht die ganze *Alija* null und nichtig.

Nein, es bleibt dabei, dass Gott es darauf anlegt, dass die Heiden den Juden in ihr Land zurückzukehren helfen, damit die Juden dadurch ihn erkennen. Weitere Bestätigung findet diese Auffassung in Jesaja 60,8-12:

Wer sind diese, die wie eine Wolke geflogen kommen und wie Tauben zu ihren Schlägen? Denn auf mich hoffen die Inseln, und die Schiffe von Tarsis ziehen voran, um deine Kinder aus der Ferne zu bringen, ihr Silber und ihr Gold mit ihnen, zum Namen des HERRN, deines Gottes, und zu dem Heiligen Israels, weil er dich herrlich gemacht hat. – Und die Söhne der Fremde werden deine Mauern bauen und ihre Könige dich bedienen; denn in meinem Zorn habe ich dich geschlagen, aber in meiner Huld habe ich mich über dich erbarmt.

Und deine Tore werden beständig offen stehen. Tag und Nacht werden sie nicht geschlossen, um dir zu bringen den Reichtum der Nationen und ihre gefangen weggeführten Könige. Denn die Nation und das Königreich, die dir nicht dienen wollen, werden zugrunde gehen. Diese Nationen werden verheert werden, ja verheert.

Hier verdeutlicht das Wort, auf welche Weise die Juden heimkehren werden: mit Flugzeugen und Schiffen, genau wie es heute geschieht. Zu Tausenden werden Juden zu den Flughäfen der früheren Sowjetunion geschafft, von wo aus sie mit den regulären Flügen der *Jewish Agency* nach Israel zurückkehren. *Ebenezer,* ein christliches Hilfswerk, hat seit vielen Jahren ein Schiff gechartert, mit dem weitere Tausende von *Olim* von Odessa am Schwarzen Meer in den israelischen Hafen Haifa gelangen. Buchstäblich so, wie es ausgesprochen wurde, erfüllt sich Gottes Wort, und dabei spielen die Heiden eine klare Rolle. Über ihren Dienst bei der Rückführung der Juden per Flugzeug und Schiff hinaus sollen sie die Mauern Israels mit aufbauen und ihren Wohlstand zur Verfügung stellen, das heißt die ganze Operation finanzieren. Das Wort mündet schließlich aus in eine nachdrückliche Warnung an die Adresse der Heiden. Erweisen sie sich als unwillig, Gottes Pläne in der *Alija* mit in die Tat umzusetzen, so ziehen sie schweres Gericht Gottes auf sich: Sie werden praktisch vom Erdboden vertilgt werden und nicht mehr da sein.

Vor diesem Hintergrund steht für mich außer Frage: Erwartet der Herr die Beteiligung die heidnischen Völker an der *Alija*, so erwartet er ganz gewiss, dass die Gemeinschaft seiner Erlösten unter diesen Nationen, also die Kirche, die Erste ist, die diesen Auftrag versteht und umsetzt. Denn wenn es denjenigen, die den Heiligen Geist empfangen und ihre geistlichen Augen aufgemacht haben, um die Weissagungen des Wortes Gottes zu verstehen, an Offenbarung und Vision hinsichtlich der Ziele Gottes mit Israel und dem jüdischen Volk mangelt, wie um alles in der Welt sollen dann die Nationen ihren Auftrag von Gott in diesen letzten Tagen erkennen? Und wie die Schrift sagt: Das Gericht wird am Haus Gottes ansetzen. „Und wenn der Gerechte mit Not errettet wird, wo wird der Gottlose und Sünder erscheinen?“ (1. Pt. 4,18)

Kapitel 3

Den Willen Gottes tun

Es ist schwer, irgendjemanden zu finden, der aus Gott geboren ist, aber nicht seinen Willen tun möchte. Den Willen Gottes zu tun ist das, worauf es im Leben als Christ fundamental ankommt. Mit dem Tun des Willens Gottes sind gewaltige Verheißungen verbunden. So lesen wir in 1. Johannes 2,16 f.:

> *... denn alles, was in der Welt ist, die Lust des Fleisches und die Lust der Augen und der Hochmut des Lebens, ist nicht vom Vater, sondern ist von der Welt. Und die Welt vergeht und ihre Lust; wer aber den Willen Gottes tut, bleibt in Ewigkeit.*

Wir müssen sorgfältig bedenken, worauf es dem Apostel hier ankommt: Investieren wir unser Leben in etwas, das von der Welt ist, so wird es ohne Wert und sehr kurzlebig sein, denn die Welt vergeht – ganz abgesehen davon, dass es Gott nicht gefällt, wenn wir unser Leben an den Dingen und Praktiken dieser Welt ausrichten. Es gibt nur eine Möglichkeit, dem Vater zu gefallen und so zu leben, dass das, was wir tun, bleibenden Einfluss hat und Frucht abwirft, und zwar, dass wir uns für die Erfüllung des Willens Gottes engagieren. „Wer aber den Willen Gottes tut, bleibt in Ewigkeit“! Ist es nicht erstaunlich und herausfordernd, dass wir Dinge tun können, die ewigen Wert haben?

Auch wenn es ums Gebet geht, ist es absolut unerlässlich, dass wir den Willen Gottes kennen und tun. Unbestreitbar verhält es sich so, dass wir keinerlei Verheißung erhörlichen Gebets haben, solange wir nicht streng im Einklang mit dem Willen Gottes beten.

Und dies ist die Zuversicht, die wir zu ihm haben, dass er uns hört, wenn wir etwas nach seinem Willen bitten. Und wenn wir wissen, dass er uns hört, was wir auch bitten, so wissen wir, dass wir das Erbetene haben, das wir von ihm erbeten haben. 1. Joh. 4,14 f.

Es ist das eigentliche Fundament eines erfolgreichen Gebetslebens, den Willen Gottes herauszufinden und zu tun.

Ich weiß, dass wir alle nach vermehrter geistlicher Kraft und Autorität suchen. Aus verschiedenen Gründen ist die christliche Kirche insgesamt schwach geworden, so dass sie nicht mehr in der apostolischen Kraft und Vollmacht wirken kann, die ihr einst verliehen wurde. Ein klarer Grund für diese Schwachheit besteht darin, dass die Kirche in vielerlei Hinsicht ihr eigenes Ding macht, statt den Willen Gottes zu tun. Diesen Sachverhalt spricht Jesus in Matthäus 7,21 ff. an:

Nicht jeder, der zu mir sagt: Herr, Herr!, wird in das Reich der Himmel eingehen, sondern wer den Willen meines Vaters tut, der in den Himmeln ist. Viele werden an jenem Tage zu mir sagen: Herr, Herr! Haben wir nicht durch deinen Namen geweissagt und durch deinen Namen Dämonen ausgetrieben und durch deinen Namen viele Wunderwerke getan? Und dann werde ich ihnen bekennen: Ich habe euch niemals gekannt. Weicht von mir, ihr Übeltäter!

Ein erstaunliches Wort, oder? Zu wem redet Jesus hier? Kaum können es solche Christen sein, die nicht an Prophetie, an Dämonenaustreibung oder an Zeichen und Wunder glauben. Vielmehr sehe ich es gerade andersherum: Jesus redet hier zu all jenen in der Gemeinde Jesu, die zur pfingstlich-charismatischen Bewegung zählen. Wir sind es, die hier davor gewarnt werden, den Mund zu voll zu nehmen. All unsere großartigen Proklamationen und Bekenntnisse sind nicht das, worauf es ankommt. So gut und eindrucksvoll sie auch klingen mögen: Solange wir nicht hingegeben sind, den Willen Gottes zu tun, verschwenden wir bloß unsere Zeit. Jesus gewährt uns keinen Zugang zu seiner Königsherrschaft, es sei denn, wir sind Menschen, die seinem Wort gehorchen. Um Zugang zum *Himmel* kann es hier schlechterdings nicht gehen, wissen wir doch alle, dass unsere Errettung und damit unsere Bestimmung für den Himmel mitnichten von Werken abhängt, die wir tun könnten, sondern Gottes freies Gnadengeschenk an uns ist (Eph. 2,8 f.). Nach meiner Überzeugung spricht der Herr hier davon, wie wir Zugang zur Fülle der geistlichen Kraft und Autorität in seinem Reich erlangen. Und es ist doch so: Geht es uns um übernatürliche Manifestationen des Heiligen Geistes wie Dämonenaustreibungen und Krankenheilungen, so gibt es eh nur einen einzigen gangbaren Weg dorthin, nämlich dass wir den Willen des Herrn tun.

Wo aber können wir finden, was der Wille Gottes ist? Darauf lässt sich leicht antworten: im Wort Gottes, der Bibel. Das Wort Gottes wird als die Wahrheit bezeichnet (Joh. 8,31 f.), ferner als „eine Leuchte für meinen Fuß …, ein Licht für meinen Pfad“ (Ps. 119,105). Hätten wir nicht Gottes Wort, so wären wir verloren in der Wüste, unfähig, unseren Weg im Leben zu finden.

Der Herr sagt: „Ich werde …“

Wir müssen uns wirklich keinerlei Zweifeln hingeben, was den Willen Gottes für sein auserwähltes Volk Israel anbetrifft. In überwältigender Deutlichkeit offenbart die Bibel Gottes Willen und Pläne für das jüdische Volk. Jemand hat einmal die Schriftstellen gezählt, die direkt oder indirekt mit den Plänen Gottes zur Wiederherstellung Israels und Jerusalems und der Heimkehr des jüdischen Volkes aus allen Nationen ins verheißene Land zu tun haben, und kam auf über 700.

Nehmen wir nur einmal ein einziges Kapitel, das 36., aus dem Ezechielbuch, um zu sehen, in welcher scharfen Klarheit es den Willen Gottes für sein Volk beschreibt. Über dieses Kapitel kann man als Überschrift setzen: „Ich werde". Hier erklärt der Herr seinen herrscherlichen Willen in Bezug auf das, was er mit seinem auserwählten Volk im Sinn hat.

Ich werde meinen großen Namen heiligen (Vv. 22 f.)

Der Herr stellt klar, dass er sein Israel gegebenes Wort nicht Israels wegen erfüllt. Alles, was er gesagt hat, tut er *um seines großen Namens willen*. Er sagt, dass Israel seinen Namen durch Sünde und Ungehorsam unter den Nationen entehrt habe. Darum werde er, der Herr, die Schande von seinem Namen wegnehmen und ihn vor allen Völkern verherrlichen. Wie tröstlich ist das! Es gibt Leute, die verkünden, Gott werde seine Verheißungen an Israel nicht erfüllen und das Schicksal der Israeliten nicht wenden, solange diese nicht Buße von ihren Sünden getan hätten – eine vollkommen unbiblische Auffassung, die der Tatsache geschuldet ist, dass manche Leute immer noch meinen, Gott verkehre mit seinem auserwählten Volk nach wie vor auf der Basis des Gesetzes. So ist es nicht! In Gnade verkehrt er mit Israel. Was er für die Israeliten und mit ihnen zu tun verheißen hat, wird um seines eigenen Namens willen geschehen. Und durch seine Gnadentaten werden sie dahin kommen, ihn als ihren Herrn zu erkennen. Dann wird sich dasselbe unter allen Nationen abspielen: Wenn der Herr seinen großen, heiligen Namen aufrichtet, werden alle Nationen zu der Erkenntnis gelangen, dass er der Herr ist.

> Was es mit der Gnade wirklich auf sich hat, ist dies: *Denn dieses Wort ist ein Wort der Verheißung: „Um diese Zeit will ich kommen, und Sara wird einen Sohn haben." Nicht allein aber bei ihr war es so, sondern auch bei Rebekka, als sie von einem, von unserem Vater Isaak, schwanger war. Denn als die Kinder noch nicht geboren waren und weder Gutes noch Böses ge-*

tan hatten – damit der nach freier Auswahl gefasste Vorsatz Gottes bestehen bliebe, nicht aufgrund von Werken, sondern aufgrund des Berufenden –, wurde zu ihr gesagt: „Der Ältere wird dem Jüngeren dienen"; wie geschrieben steht: „Jakob habe ich geliebt, aber Esau habe ich gehasst." Röm. 9,9-13

Was der Herr hier klarstellt, ist: Das Schicksal jenes Volkes, das er sich in seiner Souveränität ausersehen hat, hängt nicht von irgendwelchen Werken ab, die die Menschen dieses Volkes tun, sondern voll und ganz von ihm, der sie berufen hat. Wer hier eine Reihe von Vorbedingungen einfügt, die das Volk erfüllen müsste, damit das ihm bestimmte Los Wirklichkeit wird, der reduziert die Gnade Gottes und stößt das Volk zurück unters Gesetz. Solche Behauptungen sind unbiblisch und müssen als unbiblisch gebrandmarkt werden.

Ich werde euch heimbringen

Und ich werde euch aus den Nationen holen und euch aus allen Ländern sammeln und euch in euer Land bringen. Ez. 36,24

Durch diesen Satz hat der Herr sich ein für allemal festgelegt, seine zerstreute Herde in ihr Land zurückzubringen. Die *Alija* ist nichts anderes als Vollzug des Willens Gottes. Mag sein, dass die *Alija* uns allerlei Lasten und Ängste aufbürdet, scheint sie doch im Fadenkreuz jedweder Finsternismächte und unter dem Trommelfeuer politischer Manipulateure aller Art zu stehen, sowohl innerhalb als auch außerhalb des Landes Israel. Aber wir brauchen uns keine Sorgen zu machen. Der Herr hat gesprochen, dass er dieses Werk tun will! Das heißt: Selbst wenn sein Volk es verweigert, zurückgeführt zu werden, und selbst wenn die Kirche unwillig ist, in diesem Werk mit Gott zusammenzuarbeiten, wird der Herr es tun – so oder so. Nichts und niemand wird den Herrn jemals daran hindern können, seinen Willen zu vollführen und sein Wort zu erfüllen.

Wir, die wir zur Kirche gehören, können aus dieser Tatsache großen Trost schöpfen, denn in Bezug auf die Kirche verkündete der Herr Jesus: Ich werde „meine Gemeinde bauen, und des Hades Pforten werden sie nicht überwältigen" (Mt. 16,18). Können wir nicht von Glück sagen, dass die erlöste Gemeinschaft des Volkes Gottes sicher auf den Felsen, den Herrn Jesus selbst, gegründet ist? Wäre dieser göttliche Bau auf die Schultern der zwölf Apostel oder irgendwelcher anderer Menschen gegründet worden, so steckten wir jetzt zweifellos in gehörigen Schwierigkeiten. Doch mit diesem Spruch übernimmt der Herr die volle Verantwortung für die Erschaffung und den Aufbau seines Leibes, der Gemeinde. Wäre dem nicht so, so vermöchte niemand von uns des Nachts ruhig zu schlafen.

Haargenau dieselbe Gewissheit dürfen wir hegen, wenn es um die Vollendung der *Alija* geht. Ja, sie ist uns nicht nur durch den Mund des Herrn zugesichert, was mehr als genug sein sollte, uns zu überzeugen, sondern wurde besiegelt durch das Opfer des Sohnes Gottes, des Messias selbst:

> *Einer aber von ihnen, Kaiphas, der jenes Jahr Hoherpriester war, spricht zu ihnen: Ihr wisst nichts und überlegt auch nicht, dass es euch nützlich ist, dass ein Mensch für das Volk sterbe und nicht die ganze Nation umkomme. Dies aber sagte er nicht aus sich selbst, sondern da er jenes Jahr Hoherpriester war, weissagte er, dass Jesus für die Nation sterben sollte; und nicht für die Nation allein, sondern dass er auch die zerstreuten Kinder Gottes in eins versammelte. Joh. 11,49-52*

Will man dem Wort Gottes nicht Gewalt antun, so kann kein Zweifel daran bestehen, dass es sich bei der Nation, von der hier die Rede ist, um Israel handelt und bei dem Volk, von dem es heißt, dass es zerstreut sei, um die Juden in der Diaspora. Wovon sonst sollte denn wohl in diesem Zusammenhang die Rede sein? Wir haben es also mit der verblüffenden Weissagung des jüdischen Hohenpriesters zu tun, dass Jesus nicht nur für sein eigenes Volk sterben, sondern auch dessen rechtzeitige Heimkehr aus der Diaspora ins verheißene Land sicherstellen werde. Angesichts dieser Tatsachen – seines Wortes und seines Kreuzes – würde es mir viel schwerer fallen zu glauben, die *Alija* werde nicht geschehen, als davon auszugehen, dass sie sich vollziehen wird und soll.

Ich werde euch reinigen

Und ich werde reines Wasser auf euch sprengen, und ihr werdet rein sein. Ez. 36,25

Mit diesem Wort verspricht der Herr, sein Volk, sobald es heimgekehrt sein wird, zur Buße zu leiten. Das Werk der Buße besteht eindeutig darin, uns Vergebung zu vermitteln und uns von all unseren Sünden zu reinigen. Das war die Botschaft, die Johannes der Täufer mit allem Nachdruck unter Israel ausrief. Beachten Sie bitte: Es handelt sich um eine Initiative des Herrn selbst. Allzuoft hat die evangelikale Welt das Werk der Buße mit einem falschen Akzent versehen, indem sie behauptete, Buße zu tun liege in unserer Verantwortung; Buße sei etwas, das wir tun müssten, um errettet zu werden. Die Bibel versteht unter Buße ein Werk, das Gott tut, etwas, das zu vollbringen unsere Tatkraft und Stärke nicht ausreichen. Die Bibel schildert, wie die Apostel endlich ihre Skepsis überwanden und anerkannten, was Gott tat, als Petrus aus dem Haus des Cornelius zurückgekehrt war, wo er miterlebt hatte, wie der Heilige Geist erstmals auf Heiden gefallen war:

Als sie aber dies gehört hatten, beruhigten sie sich und verherrlichten Gott und sagten: Dann hat Gott also auch den Nationen die Buße gegeben zum Leben. Apg. 11,18

Mit anderen Worten: Buße ist eine Gabe Gottes, etwas, das wir uns nicht selbst aneignen können. Doch sobald wir sie empfangen, ist es an uns, welche Antwort wir darauf geben. Mit allem Nachdruck verdeutlichte Jesus, dass wir ohne die Initiative des Vaters überhaupt nichts zuwege kriegen:

Niemand kann zu mir kommen, wenn nicht der Vater, der mich gesandt hat, ihn zieht. Joh. 6,44

Wenn manche behaupten, Menschen könnten sich jederzeit aus sich selbst heraus entscheiden, zum Herrn zu kommen und gerettet zu werden, so wird damit gewissermaßen ausgesagt, dass Menschen sich selbst retten könnten, was selbstverständlich nicht zutrifft. Doch ebenso wenig haben dann diejenigen Recht, die verlangen, die Juden müssten erst Buße tun und gerettet werden, ehe sie das Land Israel betreten könnten und das Recht hätten, dort Wurzeln zu schlagen. Vielmehr scheint die biblische Ordnung der Dinge die zu sein, dass sie dank eines Aktes des herrscherlichen Willens Gottes zuerst ins Land zurückkehren müssen und der Herr sie erst dann, wenn sie im Lande sind, zur Buße führen wird. Das scheint mir im Einklang mit einer derjenigen Stellen zu stehen, die am allerdeutlichsten besagen, dass unsere Erlösung eine Gnadengabe ist:

Denn aus Gnade seid ihr errettet durch Glauben, und das nicht aus euch, Gottes Gabe ist es. Eph. 2,8

Ich werde euch ein neues Herz geben

Der Herr wird mehr tun, als sein Volk von seinen Sünden zu reinigen. Das Werk der Buße reicht nicht aus, bereinigt es doch ausschließlich die Vergangenheit. Was wir brauchen, geht darüber hinaus: Wir brauchen ein neues Herz! Und genau das bekommen wir in der Wiedergeburt. Aus diesem Grund verspricht der Herr, den neuen Bund mit dem jüdischen Volk in dessen eigenem Land zu begründen. Ich halte es für ein Missverständnis zu meinen, Gott stelle das Land Israel wieder her und bringe sein zerstreutes Volk zurück, um es wieder in den Alten Bund einzusetzen. Dann müsste der Tempel wiedererstehen, die Opfer und alle Verordnungen des Gesetzes müssten reaktiviert werden. Diese Auffassung lässt sich aus dem Wort Gottes nicht herleiten. Was der Herr im Sinn hat, wenn er dem Haus Israel endlich Erlösung zuteil werden lässt, ist Folgendes:

> *... und so wird ganz Israel errettet werden, wie geschrieben steht: „Es wird aus Zion der Erretter kommen, er wird die Gottlosigkeiten von Jakob abwenden; und dies ist für sie der Bund von mir, wenn ich ihre Sünden wegnehmen werde." Röm. 11,26 f.*

Wenn der Herr in Ezechiel 36,27 sagt: „Und ich werde meinen Geist in euer Inneres geben; und ich werde machen, dass ihr in meinen Ordnungen lebt", kann kein Zweifel daran bestehen, dass der Herr sein auserwähltes Volk in den Neuen Bund einbringt und nicht etwa den Alten für Israel wiederbelebt.

Sobald der Herr sich seinem Volk offenbart und den Schleier von den Augen der Israeliten wegzieht, werden diese Jesus, den Sohn Gottes, als ihren Messias anerkennen und durch sein Blut des Neuen Bundes gerettet werden.

Ein weiteres Wort, das eindeutig von der Wieder- oder Neugeburt des Hauses Israel spricht, finden wir in dem Abschnitt Jesaja 66,7 ff.:

> *Ehe sie Wehen hatte, hat sie geboren; ehe Geburtsschmerzen sie ankamen, wurde sie von einem Knaben*

entbunden. Wer hat so etwas je gehört, wer hat dergleichen je gesehen? Wird ein Land an einem einzigen Tag zur Welt gebracht oder eine Nation mit einem Mal geboren? Denn Zion bekam Wehen und gebar auch schon seine Söhne. Sollte ich zum Durchbruch bringen und dann nicht gebären lassen? spricht der HERR. Oder sollte ich gebären lassen und dabei den Schoß verschließen? spricht dein Gott.

An dieser Stelle werden wir Zeugen eines der größten Wunder der Geschichte. „Ganz Israel", den Überrest Israels, eine ganze Nation wird der Herr in einem einzigen Augenblick zur Neugeburt bringen. Es wird der einzige geschichtliche Moment sein, in dem eine ganze Nation auf einmal gerettet werden wird, wenn der Gott Israels sein von alters her erwähltes Volk in den Neuen Bund einführt. So wird es durch ein übernatürliches Eingreifen Gottes selbst geschehen. Wo das nicht gesehen wurde, ist es immer wieder zu zahlreichen Missverständnissen hinsichtlich der Art und Weise gekommen, in der das Haus Israel letztendlich zur Erlösung gelangen wird, und derlei Missverständnissen begegnet man auch heute noch. Menschen aus evangelikalen und charismatischen Kreisen erkennen nicht, dass Gott ein besonderes Verfahren anwendet, die jüdische Nation zu sich zu ziehen – sei es, weil sie die prophetischen Schriften nicht kennen oder weil sie nicht daran glauben. Deshalb hören sie nicht auf zu fordern, die Juden müssten durch dieselben evangelikalen Methoden gerettet werden wie der Rest der Menschheit, man müsse sie also ebenso evangelisieren wie alle anderen Nationen auch. Die Mitarbeiter christlicher *Alija*-Werke sind wiederholt beschuldigt worden, sie enthielten den Juden das Evangelium und damit das Heil vor, nur weil sie die Juden nicht evangelisieren, während sie ihnen zur Rückkehr nach Israel verhelfen. In Wahrheit stoßen wir hier auf eine evangelikale Enge, um nicht zu sagen Blindheit, die sich mit Gottes Souveränität nicht verträgt. Keineswegs geht es hier darum zu behaupten, die Juden könnten ohne eine persönliche Begegnung mit dem Messias gerettet werden. In Frage steht, ob Gott im Himmel diese erlösende Begegnung mit Menschen durch sein eigenes direktes Eingreifen herbeiführen kann oder ob niemand zum Heil zu gelangen vermag außer durch die evangelistischen und missionarischen Bemühungen der Kirche. Natürlich glauben wir, dass in unserer heutigen Welt Juden gerettet werden – hauptsächlich außerhalb Israels, aber in kleiner Zahl auch in Israel selbst. Unsere Überzeugung ist, das sollte so weit wie möglich weitergehen; und die Juden, die mittels Evangelisation gerettet werden, betrachten wir als Teil der Erstlingsfrucht. Was wir aber behaupten, ist, dass die Erlösung des Hauses Israel, „ganz Israels“, wie Paulus formuliert, nicht Ergebnis kirchlicher Evangelisationsbemühungen sein, sondern einem übernatürlichen Eingreifen Gottes zu verdanken sein wird. Dann, wenn der Herr „den Geist der Gnade und des Flehens“ (Sach. 12,10) ausgießen wird, werden die Augen des Hauses Israel aufgehen, und es wird seinen wahren Messias erkennen. Wir glauben an das Wort Gottes, das sagt, dass der Herr seinem Volk, nachdem er es zurückgebracht haben wird, auf den Bergen Israels entgegentreten (Ez. 37,21 ff.; 20,40) und ihm erlösende Erkenntnis seiner selbst, des Herrn, schenken wird. Wenn wir uns also engagieren, die Juden bei ihrer Heimkehr zu unterstützen, so helfen wir ihnen nicht nur in ihr Land zurück, sondern tragen dazu bei, dass eine göttliche Verabredung mit ihrem Gott und Messias Wirklichkeit wird.

Ich werde meinen Geist über sie ausgießen

Gemäß Ezechiel 37,9 f; 39,29; Joel 3,1 und anderen Schriftstellen wird der Herr seinen Heiligen Geist über das Haus Israel ausgießen und die Juden dadurch in den Stand versetzen und ausrüsten, das Volk zu sein, das zu sein er sie berufen hat.

Die Errettung Israels wird nicht bloß Israel allein zum Segen gereichen, sondern der ganzen Welt. Ich sehe darin die Erfüllung der Verheißung, die Gott Abraham gab, als er ihn rief:

Und ich will segnen, die dich segnen, und wer dir flucht, den werde ich verfluchen; und in dir sollen gesegnet werden alle Geschlechter der Erde. Gen. 12,3

Israel wurde nicht um seiner selbst willen berufen, und seine Erlösung wird nicht bloß zu seinem eigenen Wohl ausschlagen. Gottes Berufung für Israel besteht darin, ein Segenskanal für alle Völker zu sein. Es ist davon auszugehen, dass daran auch der Apostel Paulus dachte, als er Römer 11,15 ausführte:

Denn wenn ihre Verwerfung die Versöhnung der Welt ist, was wird die Annahme anders sein als Leben aus den Toten?

Dieser Vers kehrt deutlich heraus, dass von dem erlösten Israel ein Kraftstrom göttlichen Auferstehungslebens ausgehen und die ganze Erde berühren wird. Wo Menschen, die tot waren, lebendig werden, sprechen wir von Erweckung. Entsprechend könnte man eine weltweite geistliche Erweckung als Ergebnis der Erlösung Israels bezeichnen. Diese Erweckung wird eintreten, sobald der Herr seinen Heiligen Geist über das Haus Israel und die Bewohner Jerusalems ausgießt. Jede Ausgießung des Geistes bringt ja solche Früchte hervor. Die Geistestaufe dient nicht dem eigenen Genuss, sondern setzt Kraft frei, dem lebendigen Gott zu dienen, wie Jesus es seinen Jüngern verdeutlichte:

Aber ihr werdet Kraft empfangen, wenn der Heilige Geist auf euch gekommen ist; und ihr werdet meine Zeugen sein, sowohl in Jerusalem als auch in ganz Ju-

däa und Samaria und bis an das Ende der Erde. Apg. 1,8

Mir scheint, Gottes Volk empfange die Kraft des Heiligen Geistes, um ein Volk der Weltmission zu sein, und nicht etwa bloß für die eigenen persönlichen und lokalen Bedürfnisse. Kehrt der Herr zurück, um die „verfallene Hütte Davids" wiederaufzurichten – ein Ausdruck, der sich ausschließlich auf das Haus Israel beziehen kann –, so wird das segensreich darin resultieren, dass „die übrigen der Menschen den Herrn suchen", das heißt alle diejenigen, die die Gemeinde nicht zu erreichen vermochte. Dieses Verständnis gewinnen wir aus dem Zusammenhang von Apostelgeschichte 15,14-17:

Simon hat erzählt, wie Gott zuerst darauf gesehen hat, aus den Nationen ein Volk zu nehmen für seinen Namen. Und hiermit stimmen die Worte der Propheten überein, wie geschrieben steht: „Nach diesem will ich zurückkehren und wieder aufbauen die Hütte Davids, die verfallen ist, und ihre Trümmer will ich wieder bauen und sie wieder aufrichten; damit die übrigen der Menschen den Herrn suchen ..."

Wenn Israel zu seinem Messias zurückgekehrt ist, wird es ein missionarisches Volk sein, das die Kunde von Gott und seiner errettenden Macht durch seinen Sohn Jeschua bis an die Enden der Erde tragen wird, hin zu all jenen, die durch den Dienst der Kirche bis dahin noch nicht mit dem Evangelium in Berührung gekommen und zum Heil gelangt sein werden.

Kapitel 4

Fischer und Jäger

Wie wir bereits gesehen haben, ist die *Alija* eine Angelegenheit, mit der Gott sehr starke Gefühle verbindet. Wo der Herr von seinem Plan spricht, das jüdische Volk nach Israel zurückzubringen, bedient er sich einer ausdrucksstarken Sprache voller Emotionen. In der ganzen Bibel finden wir kaum etwas, womit Gott stärkere Gefühle verbindet als mit der Heimkehr seines auserwählten Volkes. Das vermittelt uns nachhaltige Ermutigung und Glaubensstärkung, sofern wir uns selbst an der Ausführung dieser großen prophetischen Tat beteiligen. Bitte hören Sie folgendes Wort des Herrn:

> *So wahr ich lebe, spricht der Herr, HERR, wenn ich nicht mit starker Hand und mit ausgestrecktem Arm und mit ausgegossenem Grimm als König über euch herrschen werde! Und ich werde euch aus den Völkern herausführen und euch aus den Ländern, in die ihr zerstreut worden seid, mit starker Hand und mit ausgestrecktem Arm und mit ausgegossenem Grimm sammeln. Ez. 20,33 f.*

Hier verbürgt sich der Herr mit einem Eid: „So wahr ich lebe“. Haben wir jemals daran geglaubt, dass er sein Wort erfüllen werde, wieviel mehr sollten wir davon überzeugt sein, wenn der Allmächtige einen Eid schwört! Was der Herr hier seinem Volk verspricht, kann niemals fehlgehen – unabhängig davon, was auch immer andere sagen mögen, unabhängig davon, ob die Menschen es glauben oder nicht, und auch unabhängig davon, ob irgendjemand sich bereit findet, dem Herrn dabei zu helfen. Mögen auch sämtliche Mächte der Finsternis sich in voller Rüstung dagegen aufmachen, so haben sie doch nichts in der Hand, womit sie Gott hindern könnten, das zu tun, wovon er gesagt hat, er werde es tun. Es ist, als wollte Gott uns alle davor warnen, auch nur den Versuch zu machen, uns ihm in den Weg zu stellen; denn täten wir das, so würde sein Zorn uns ereilen und vernichten. Nichts und niemand wird jemals in der Lage sein, den Gott Israels davon abzuhalten, sein Volk heimzubringen.

Der Herr hat gesagt, dass er zweierlei Menschen einsetzen werde, um sein Volk zurückzubringen: Fischer und Jäger. Die Fischer stehen für die bevorzugte – oder sagen wir: ideale – Weise, auf die Gott danach trachtet, die Juden heimzuführen. Sie sind Ausdruck des liebenden Herzens Gottes. Er möchte, dass sein Volk so friedlich und angenehm wie irgend möglich nach Israel einreist, auf eine Weise, die ihnen absolut optimale Reiseverhältnisse und bestmögliche finanzielle Vorteile gewährt. So können sich in vielen Fällen die Betroffenen im Vorfeld alle notwendigen Papiere besorgen, ihr Eigentum verkaufen und den jeweils bestgeeigneten Reiseweg und -termin wählen können. Geht es nach dem Herzen Gottes, so sollten alle Angehörigen seines Volkes auf diese Weise heimkehren. Sofern sie aber dieses sein Angebot nicht annehmen, wird der Herr die Jäger senden, um die Juden zurückzutreiben. Die Jäger sind seine zweitrangige Methode und stehen für einen sehr viel schmerzhafteren Weg. Kommt erst einmal die Zeit der Jäger, so werden die Juden flüchten müssen. Sie werden außerstande sein, irgendetwas mit sich zu nehmen und werden für jedwede Hilfe dankbar sein müssen, die sich ihnen auf ihrer Flucht aus den Nationen möglicherweise noch bieten wird. Jeder Jude, der mittels der Jäger heimkehren wird, wird eine Menge Angst, Unsicherheit und Tumult auf sich nehmen müssen.

Kommt die Rede auf die Jäger, so zeigt sich bei vielen Gläubigen ein Missverständnis. Etliche meinen, das Auftreten der Jäger werde der *Alija* ein Ende setzen: Man werde die Grenzen abriegeln, und alle, die noch außer Landes sein werden, würden am Ende umkommen. Diese Sicht deckt sich nicht mit dem Wort Gottes. Vorrangig müssen wir unterstreichen, dass es der Herr ist, der die Jäger sendet, und nicht der Widersacher. Weil wir aber sehen, dass mit den Jägern etwas Negatives, Schmerzhaftes gemeint ist, fällt es uns häufig schwer zu glauben, es könne der Herr sein, der sie sendet. Wir dürfen nicht vergessen, dass Gott jeden, den er will, benutzen kann, um seinen Willen zu verwirklichen. Ich bin sicher, dass wir alle Pharao als einen Feind des Volkes Gottes ansehen – und doch bediente der Herr sich seiner, um den ersten Exodus zuwege zu bringen. Im Römerbrief trifft Paulus folgende bemerkenswerte Feststellung:

> *Denn die Schrift sagt zum Pharao: „Eben hierzu habe ich dich erweckt, damit ich meine Macht an dir erzeige und damit mein Name verkündigt werde auf der ganzen Erde.“ 9,17*

Wer hätte das gedacht? Pharao, der alles nur Mögliche versuchte, um den Auszug des jüdischen Volkes aus Ägypten zu erschweren und zu verhindern, entlarvt sich am Ende als Werkzeug der Zwecke Gottes! Da müssen wir unser Denken doch wohl ein wenig ändern, oder? Als was immer sich die Jäger letztlich erweisen, wer immer diese Jäger sein mögen – es ist der Herr, der sie sendet, und er sendet sie, um seinen Willen und seinen Plan zu erfüllen. Oder denken Sie an den König Kyrus, dessen sich der Herr zum Zweck der Wiederherstellung Judas und Jerusalems bediente:

> *[Es ist der HERR,] der von Kyrus spricht: Mein Hirt, er wird alles ausführen, was mir gefällt, indem er von Jerusalem sagen wird: Es werde aufgebaut, und der Grundstein des Tempels werde gelegt!*

> *So spricht der HERR zu seinem Gesalbten, zu Kyrus, den ich bei seiner Rechten ergriffen habe, um Nationen vor ihm zu unterwerfen – und die Hüften der Könige entgürte ich ... Jes. 44,28-45,1*

Worte des souveränen Herrn. Um sein Wort zu erfüllen, gebraucht er, wen immer er gebrauchen mag. Eines Tages werden wir allesamt überrascht sein, wenn wir erkennen werden, wie Gott nicht nur ungläubige oder sich ihm widersetzende Leute, sondern sogar Satan und dessen Finsternismächte benutzen konnte, um letztlich seine ewigen Zwecke zu verwirklichen.

Leute, die behaupten, die Jäger stünden für ein Ende der *Alija*, haben ihre Bibel nicht ordentlich gelesen. Gott sendet die Jäger nicht, um der Heimkehr der Juden nach Israel Einhalt zu gebieten, sondern um sie von dort, wo sie sind, zu vertreiben und gewaltsam auf den Weg ins verheißene Land zu bringen. Was macht uns sicher, dass es sich so verhalten wird? Die Tatsache, dass das Wort des Herrn deutlich sagt, er werde, wenn er sein auserwähltes Volk zurückbringt, niemanden von diesem Volk draußen unter den Nationen lassen:

> *... wenn ich sie aus den Völkern zurückgebracht und aus den Ländern ihrer Feinde gesammelt habe und mich so an ihnen heilig erweise vor den Augen der vielen Nationen. Und sie werden erkennen, dass ich der HERR, ihr Gott bin, da ich sie zwar gefangen zu den Nationen weggeführt habe, sie aber wieder in ihr Land sammle und keinen mehr von ihnen dort zurücklasse. Ez. 39,27 f.*

Wird der Herr keinen einzigen Juden in der Fremde lassen, so muss er notwendigerweise die Absicht hegen, sie alle ins verheißene Land zurückzubringen. Folglich kann es nicht angehen, dass die Jäger mit dem Auftrag ausgesandt werden, die Juden an der Heimkehr zu hindern, geschweige denn, sie unter den Nationen zu töten. Vielmehr liegt es klar auf der Hand, dass die Jäger von Gott damit beauftragt werden, sein Volk aus den Nationen hinaus- und ins Land Israel zurückzutreiben. So gesehen wird es in der Zeit der Jäger nicht etwa zu einem Rückgang der *Alija*, sondern im Gegenteil zu deren schwunghafter Zunahme kommen. Bekommen wir es in der Kirche mit Aussagen zu tun, in denen behauptet wird, das Auftreten der Jäger bedeute eine Abriegelung der Grenzen und einen neuen Holocaust, so dürfen wir gewiss sein, falsche Prophetien von Leuten zu hören, die die Wahrheit des Wortes Gottes nicht begriffen haben.

Genauso verhält es sich, wenn Stimmen laut werden, die sagen, die Juden, die heute in ihr Land heimkehrten, liefen Gefahr, einer weiteren Exilierung zum Opfer zu fallen, weil sie nicht heilig lebten und zu ihrem Gott umkehrten. Eine einzige Bibelstelle genügt, um diese falsche Sicht zurückzuweisen:

Denn ich will die Gefangenschaft meines Volkes Israel wenden, dass sie die verwüsteten Städte wieder aufbauen und bewohnen sollen, dass sie Weinberge pflanzen und Wein davon trinken, Gärten anlegen und Früchte daraus essen. Denn ich will sie in ihr Land pflanzen, dass sie nicht mehr aus ihrem Land ausgerottet werden, das ich ihnen gegeben habe, spricht der HERR, dein Gott. Am. 9,14 f. (LÜ 1984)

Geht dieses Wort nicht heute direkt vor unseren Augen in Erfüllung? Sie sind wieder im Land – jedenfalls viele von ihnen, und viel mehr werden noch kommen. Sie haben das Land wiederaufgebaut und kultiviert. Und der Herr verbürgt sich dafür, dass sie nie wieder aus dem Lande entwurzelt und vertrieben werden sollen.

Ferner erklärt Gottes Wort – eindeutig im Kontext der Rückkehr des jüdischen Volkes – Folgendes:

Fürchte dich nicht, denn ich bin mit dir! Vom Sonnenaufgang her werde ich deine Nachkommen bringen, und vom Sonnenuntergang her werde ich dich sammeln. Ich werde zum Norden sagen: Gib her! und zum Süden: Halte nicht zurück! Bring meine Söhne von fernher und meine Töchter vom Ende der Erde ... Lass hervortreten das blinde Volk, das doch Augen hat, und die Tauben, die doch Ohren haben! Jes. 43,5 f.8

Dem Herrn ist voll und ganz bewusst, dass die nach Israel zurückgeführten Juden geistlich blind sind; und er macht es keineswegs zur Bedingung ihrer Rückkehr oder ihres Verbleibens im Land, dass sie als Gerettete oder Geheiligte zurückkehren. Warum aber stellen manche Christen dann solche Bedingungen auf? Entweder weil sie Gottes Wort nicht zum Nennwert nehmen oder weil sie mehr an ihre eigenen Vorstellungen und geistlichen Phantasien glauben als an das geschriebene Wort Gottes.

Nein: Wir werden Zeugen der letzten, definitiven Heimkehr des jüdischen Volkes in der Geschichte der Menschheit. Unterziehen wir all diese menschlichen Einbildungen und falschen Proklamationen, die heutzutage unter Gottes Volk so viel Verwirrung anrichten, dem klaren, präzisen Urteil des Wortes Gottes und hoffen wir, dass Gottes Volk sich von ganzem Herzen und ganzer Seele der Wahrheit des Wortes Gottes wieder zuwendet.

Lassen Sie uns, solange wir noch in der Epoche der Fischer leben, alle Gelegenheiten ausnutzen, die sich uns bieten, um dem jüdischen Volk zu helfen, die *Alija* so bald wie möglich durchzuführen. Gerade jetzt gewinnt diese Angelegenheit an Dringlichkeit, und es kann sein, dass uns nicht mehr viel Zeit bleibt. Noch aber können wir die jüdischen Menschen aufsuchen, wo immer sie sind, und sie nachdrücklich bitten, dem Ruf zu gehorchen, den Gott in die Tiefe ihrer Herzen gelegt hat, nämlich ins Land ihrer Vorväter zurückzukehren, und zwar unter relativ friedlichen Umständen und mit so viel wie möglich von ihrem Hab und Gut. Die Zeit der Fischer ist unsere Gelegenheit, uns als Gläubige aus den Heiden in Liebe den Auserwählten Gottes zuzuwenden. Sie gibt uns die Chance, etwas von unserer gewaltigen Schuld an den Juden abzutragen, jener Schuld, die wir uns aufgeladen haben durch die Art und Weise, wie wir den Juden jahrhundertelang im Namen des Christentums Unrecht getan und sie verfolgt haben. Kommen erst einmal die Jäger, so brauchen wir uns nicht länger aufmachen, um die Juden zu fischen. Dann werden sie massenweise zu uns kommen, um uns gestresst und leidend um unsere Hilfe zu bitten. Auch dann werden wir ihnen noch helfen können, aber diese Hilfe wird unter sehr schwierigen Umständen erfolgen müssen, und die Schwierigkeiten werden uns ebenso sehr betreffen wie die Juden. Der Herr helfe uns, die Zeit unserer Heimsuchung wahrzunehmen und um der Auserwählten Gottes sowie der Ehre seines großen und mächtigen Namens willen das Beste daraus zu machen!

Kapitel 5

Das Schicksal der heidnischen Nationen

Werden die Nationen noch irgendeine Zukunft haben, sobald das gegenwärtige Zeitalter der Heiden zu seinem Ende gekommen sein wird? Für jeden unter uns, der sich Gedanken über seine Nation und sein Volk macht, ist das eine wichtige Frage. Es kann kein Zweifel daran bestehen, dass wir der Zeit des Gerichts über alle Nationen, von der Gottes Wort klar spricht, sehr nahe gerückt sind. Immer noch glauben einige, ihre Nation werde durch eine geistliche Erweckung gerettet werden, so dass die betreffende Nation dem Gericht entfliehen und ihres Platzes im künftigen Zeitalter des Reiches Gottes sicher sein könne. Wir brauchen Erweckung, und wenn Erweckung kommt – ob sie kommt, hängt davon ab, ob die Gemeinde Jesu willens ist, den Preis dafür zu bezahlen –, wird sie vielen Menschen Heil bringen. Meiner Meinung nach gibt die Bibel allerdings keinen Anhalt dafür, dass irgendeine Nation durch Erweckung gerettet werden und also bewahrt durch die Zeit des Gerichts gehen könne. Für meine Begriffe verdeutlicht die Schrift, dass es allein die Beziehung einer Nation zum jüdischen Volk bzw. zum Land und Volk Israel ist, welche ihr künftiges Schicksal bestimmt. Ich glaube, wir können Hunderte von Erweckungen haben, die uns am Ende allesamt nichts nützen werden, ohne eine korrekte Beziehung zu Israel.

Betrachten wir, was die Bibel zum endzeitlichen Gericht über die Nationen sagt, um herauszufinden, auf welche grundsätzlichen Sachverhalte sich Gottes Gericht gründen wird. Schlagen wir dazu einige wichtige Textpassagen sowohl des Alten als auch des Neuen Testaments auf, die sich mit dem kommenden Gericht befassen.

Zuerst gehen wir zu Matthäus 25,31 ff. 41-45:

Wenn aber der Sohn des Menschen kommen wird in seiner Herrlichkeit und alle Engel mit ihm, dann wird er auf seinem Thron der Herrlichkeit sitzen; und vor ihm werden versammelt werden alle Nationen, und er wird sie voneinander scheiden, wie der Hirte die Schafe von den Böcken scheidet. Und er wird die Schafe zu seiner Rechten stellen, die Böcke aber zur Linken.
Dann wird er auch zu denen zur Linken sagen: Geht von mir, Verfluchte, in das ewige Feuer, das bereitet ist dem Teufel und seinen Engeln! Denn mich hungerte, und ihr gabt mir nicht zu essen; mich dürstete, und ihr gabt mir nicht zu trinken; ich war Fremdling, und ihr nahmt mich nicht auf; nackt, und ihr bekleidetet mich nicht; krank und im Gefängnis, und ihr besuchtet mich nicht. Dann werden auch sie antworten und sagen: Herr, wann sahen wir dich hungrig oder durstig oder als Fremdling oder nackt oder im Gefängnis und haben dir nicht gedient? Dann wird er ihnen antworten und sagen: Wahrlich, ich sage euch, wenn ihr es einem dieser Geringen nicht getan habt, habt ihr es auch mir nicht getan.

Betrachten wir jetzt dieselbe Gerichtshandlung, wie sie uns im Alten Testament, nämlich in Joel 4,1 ff.12-16 geschildert wird:

Denn siehe, in jenen Tagen und zu jener Zeit, wenn ich das Geschick Judas und Jerusalems wenden werde, dann werde ich alle Nationen versammeln und sie ins Tal Joschafat hinabführen. Und ich werde dort mit ihnen ins Gericht gehen wegen meines Volkes und meines Erbteils Israel, das sie unter die Nationen zerstreut haben. Und mein Land haben sie geteilt und über mein Volk das Los geworfen; und einen Jungen gaben sie für eine Hure und ein Mädchen verkauften sie für Wein und tranken.

Die Nationen sollen sich aufmachen und hinaufziehen ins Tal Joschafat! Denn dort werde ich sitzen, um alle Nationen ringsumher zu richten. Legt die Sichel an! Denn die Ernte ist reif. Kommt, stampft! Denn die Kelter ist voll, die Kelterkufen fließen über. Denn groß ist ihre Bosheit. Scharen über Scharen im Tal der Entscheidung; denn nahe ist der Tag des HERRN im Tal der Entscheidung. Die Sonne und der Mond verfinstern sich, und die Sterne verlieren ihren Glanz. Und der HERR brüllt aus Zion und lässt aus Jerusalem seine Stimme erschallen, und Himmel und Erde erbeben. Und der HERR ist eine Zuflucht für sein Volk und eine Feste für die Söhne Israel.

Folgende Fakten hinsichtlich der Zeit und der Sache des Gerichts über die heidnischen Nationen gilt es festzuhalten: Erstens müssen wir erkennen, dass diese zwei Texte, einer aus dem Alten und der andere aus dem Neuen Testament, von demselben Ereignis handeln. Am Ende der Tage wird nicht zweimal, sondern nur einmal über die Nationen Gericht gehalten werden.

Wann das geschehen wird, ordnet das Buch Joel so ein: „In jenen Tagen und zu jener Zeit, wenn ich das Geschick Judas und Jerusalems wenden werde". Gleichzeitig wird der Herr auch die Nationen versammeln. Um welche Zeit handelt es sich dabei? Um die Zeit der Heimkehr des jüdischen Volkes aus seiner langen Gefangenschaft unter den Nationen, die Zeit des zweiten und letzten Exodus. Diese Zeit ist hier und heute! Während des letzten Jahrzehnts hat die *Alija* nach Israel mehr als eine Million Juden aus der ehemaligen Sowjetunion erfasst, und im vergangenen Jahrhundert sind Juden aus mehr als 100 Nationen nach Israel heimgekehrt. Damit ist die Zeit des Gerichts über die heidnischen Nationen sehr nahegerückt, wie der Matthäustext bestätigt. Wenn der Messias kommt, wird er auf seinem Ehrenthron sitzen und alle Nationen um sich versammeln. Mit anderen Worten: Wir treten in die Zeit des Gerichts über die Nationen ein, und demgemäß sollten wir den Gedanken fallen lassen, die Nationen dieser Welt stünden vor Zeiten herrlicher Segnungen und gewaltigen Wohlstands. Dass das Gericht dann stattfinden wird, wenn die *Alija* vollendet sein wird und der Messias zurückkehrt, beweisen auch die Joel-Matthäus-Parallelen:

> *Denn dort werde ich sitzen, um alle Nationen ringsumher zu richten. Jo. 4,12*

> *Wenn aber der Sohn des Menschen kommen wird ..., dann wird er auf seinem Thron der Herrlichkeit sitzen; und vor ihm werden versammelt werden alle Nationen, und er wird sie voneinander scheiden ... Mt. 25,31 f.*

Ferner:

> *Denn nahe ist der Tag des HERRN im Tal der Entscheidung. Die Sonne und der Mond verfinstern sich, und die Sterne verlieren ihren Glanz. Jo. 4,14 b-15*

> *Aber gleich nach der Drangsal jener Tage wird die Sonne verfinstert werden und der Mond seinen Schein nicht geben, und die Sterne werden vom Himmel fallen, und die Kräfte der Himmel werden erschüttert werden. Und dann wird das Zeichen des Sohnes des Menschen am Himmel erscheinen. Mt. 24,29 f.*

Diese biblischen Nachweise sollten genügen, um auch den größten Skeptiker davon zu überzeugen, dass der Zeitpunkt des Gerichts über die Nationen uns so nahe ist wie die Vollendung der Heimkehr der Juden und die Wiederkunft des Messias, unseres Herrn Jesus Christus.

Richten wir nun unser Augenmerk darauf, was der Dreh- und Angelpunkt des künftigen Gerichts über die Nationen ist. Kristallklar arbeitet das Buch Joel diesen Punkt heraus. Die heidnischen Nationen werden dafür zur Rechenschaft gezogen werden, wie sie mit dem auserwählten Volk Gottes, den Juden, und dem auserwählten Land Gottes, dem verheißenen Land Israel, umgegangen sind.

Das auserwählte Volk Gottes betreffend sagt der Herr Folgendes:

Und ich werde dort mit ihnen ins Gericht gehen wegen meines Volkes und meines Erbteils Israel, das sie unter die Nationen zerstreut haben. Jo. 4,2

Es ist unbezweifelbar: Die Nationen werden dafür gerichtet werden, wie sie mit den Juden, Gottes auserwähltem Volk, umgegangen sind, während diese jahrhundertelang unter ihnen gelebt haben. Dass die Juden aus dem Land Israel vertrieben wurden, ist den Nationen nicht anzulasten. Das war Gottes eigene Tat. Doch für die Art und Weise, wie sie mit ihnen umsprangen, während sie unter die Heiden zerstreut waren, werden die Nationen zur Rechenschaft gezogen werden.

Wie stark Gottes Gefühle für sein auserwähltes Volk sind, verdeutlicht folgende Bibelstelle:

So spricht der HERR Zebaoth: Ich eifere für Jerusalem und Zion mit großem Eifer und bin sehr zornig über die stolzen Völker; denn ich war nur ein wenig zornig, sie aber halfen zum Verderben. Sach. 1,14 f. (LÜ 1984)

Der Herr sandte sein Volk gefangen unter die Nationen, weil er über es erzürnt war – „ein wenig zornig" eben. Die Nationen jedoch gingen in der Bestrafung der Juden weit über das hinaus, was der Herr sich vorgenommen hatte. Sie schlachteten die Schwäche des von Gott gedemütigten Gottesvolkes zu ihrem eigenen Vorteil aus, was dazu führte, dass sie die Juden verfolgten, hassten und schließlich vertrieben oder ermordeten. Die Geschichte des Umgangs der Nationen mit den Juden hat Gottes Zorn auf diese Nationen enorm angestachelt.

In seinem Zorn sah sich Gott veranlasst, jedem, der sich an seinem Volk vergreift, folgende ernste Warnung zuzurufen:

> *Denn so spricht der HERR der Heerscharen: ... Wer euch antastet, tastet meinen Augapfel an. Sach. 2,12*

Damit meint der Herr: Wer dem jüdischen Volk Schaden zufügt, handelt genauso, als würde er mit seinem Finger Gott mitten ins Auge stechen. Wenn Sie jemandem extremen Schmerz zufügen wollen, sollten Sie genau das tun: ihm mit dem Finger mitten ins Auge stechen. Der Betreffende wird vor Schmerz aufschreien, denn die Pupille ist der empfindsamste und verletzbarste Teil des ganzen menschlichen Körpers.

Gott hat keine einzige von all den antisemitischen Handlungen vergessen, die in der Geschichte von Heiden gegen die Juden gerichtet wurden; und der Tag, an dem Gott von den Nationen Rechenschaft fordern wird, ist sehr nahe gekommen. Niemand wird an diesem Tag in der Lage sein, Gottes Endgericht zu entfliehen. Aus diesem Grund sollte die Kirche soweit wie irgend möglich über all diese schlimmen Verletzungen des jüdischen Volkes Buße tun und um Gottes Gnade flehen. Und sie sollte mehr tun als das, nämlich jede Gelegenheit nutzen, die Juden und Israel zu segnen, und jedwede Anstrengung unternehmen, Gottes Volk zu unterstützen und ihm praktische Liebe zu erweisen. Wir haben ja eine enorme Schuld abzutragen: nicht nur, was unsere Nationen als solche betrifft, sondern vor allem im Blick auf unser jahrhundertelanges Beteiligtsein an antisemitisch-antijüdischen Handlungen.

Doch nicht nur unser historischer Antisemitismus als Opposition gegen sein Volk erzürnt Gott, sondern auch unsere Einmischung in die Angelegenheiten seines Landes:

Und mein Land haben sie geteilt ... Jo. 4,2

Das ist eine bemerkenswerte Feststellung Gottes, und sie ist von weitaus größerer Aktualität, als es uns auf den ersten Blick erscheinen mag. Gott bezeichnet Israels Land als sein Land. Wer meint, Israels Land sei ein Zankapfel zwischen Juden und Palästinensern, sollte nicht übersehen, worauf der Herr hier seinen Finger legt. *Erez Israel*, das Land Israel, gehört dem allmächtigen Gott. Es ist sein Land, sein Wohnplatz. Er ist der souveräne Eigner dieses kleinen Territoriums. Selbstverständlich also liegt es an ihm, es zu geben, wem immer er will; und er hat es nun einmal den Juden und nicht den Arabern oder Palästinensern als Erbteil gegeben.

Gott warnt die Nationen davor, sich an irgendeiner Aufteilung des Landes Israels zu beteiligen. Gellen da nicht die Alarmglocken bei uns, wenn wir uns ansehen, was gegenwärtig geschieht? Norwegen hat sich daran beteiligt, das verheißene Land aufzuteilen, und zwar durch seine Initiative zu dem Abkommen, das mit dem Namen der Stadt Oslo verbunden ist. Die Vereinigten Staaten haben sich seit Jahren dazu herbeigelassen, Israel unter Druck zu setzen, auf dass es Land gegen sogenannten Frieden hergebe. UNO und Europäische Union unterstützen die Sache der Palästinenser, denen es nach wie vor um nichts anderes geht, als das gesamte Land zu rauben und die Juden ins Meer zu treiben. Jede Nation, die sich direkt oder indirekt an der Aufteilung des Landes Gottes beteiligt hat, wird sich Gottes Gericht ausgesetzt sehen, was am Ende auf die Vernichtung jener Nation hinauslaufen könnte.

In diesen letzten Tagen fordert Gott sämtliche heidnischen Nationen heraus. Wenn die *Alija* in vollem Gange ist, werden sie auf den Prüfstand gerückt werden.

Folgendes Wort ruft der Herr den Nationen zu, und zwar in klarem Zusammenhang mit der Heimkehr des jüdischen Volkes aus der Diaspora:

Denn die Nation und das Königreich, die dir nicht dienen wollen, werden zugrunde gehen. Diese Nationen werden verheert werden, ja verheert. Jes. 60,12

Gehen die Schleusentore erst einmal auf, so dass ein massenweiser Exodus anhebt, so wird jede Nation vor der Herausforderung stehen, ob sie sich Gottes Plänen dienstbar macht und sein Volk auf dessen Heimweg unterstützt oder nicht. Und im Zuge der Wiederherstellung von Nation und Land Israel werden alle Nationen die Wahl haben, Israel zu unterstützen oder es nicht zu tun. Wie sie diese entscheidenden Fragen beantworten, wird ein für allemal die Zukunft der Nationen bestimmen.

Auch im Paralleltext Matthäus 25 treffen wir auf den zentralen Punkt, an dem sich entscheidet, welche Position die Nationen im Endgericht einnehmen werden.

Wenn der Herr kommt, wird er auf seinem Thron sitzen und alle Nationen um sich sammeln. Er wird die Nationen in zwei Gruppen aufteilen. Einige wird er zu seiner Rechten platzieren. Diese werden Schafe genannt. Andere stellt er zu seiner Linken, und sie werden als Böcke bezeichnet. Die Schafe werden vom Herrn überschwänglich belobigt dafür, wie sie mit einer bestimmten Gruppe von Menschen umgegangen sind. Die Böcke werden nachdrücklich gescholten, weil sie sich um ebendiese Gruppe von Menschen nicht gekümmert haben. Jene Menschengruppe, auf die Jesus Bezug nimmt, nennt er „die geringsten dieser meiner Brüder" (V. 40) – eine ziemlich ungewöhnliche Bezeichnung für Angehörige der Familie des Herrn. Wenn es „die geringsten" unter den Brüdern des Herrn gibt, muss man logischerweise annehmen, dass es in der Familie des Herrn auch „große" Brüder gibt; denn wäre es anders, so hätte Jesus doch einfach sagen können: „diese meine Brüder". Ich persönlich glaube, es gibt zwei Kategorien Brüder des Herrn: diejenigen, die nach dem Fleisch seine Angehörigen sind, und seine Brüder und Schwestern nach dem Geist – oder Gottes Kinder nach dem Alten Bund, das jüdische Volk, und diejenigen, die durch Glauben an seinen Sohn seine Kinder geworden sind, das ist die Gemeinde.

Warum diese beiden Gruppen unterschiedlich eingeordnet werden, mag ein Wort Jesu erklären, das uns in Matthäus 11,11 überliefert ist:

> *Wahrlich, ich sage euch, unter den von Frauen Geborenen ist kein Größerer aufgestanden als Johannes der Täufer; der Kleinste aber im Reich der Himmel ist größer als er.*

Diesem Herrenwort zufolge war Johannes der Täufer der Größte des alten Bundesvolkes. Doch der Kleinste, der ins Himmelreich eingegangen ist, übertrifft ihn an Größe. Wer sind diejenigen, die ins Himmelreich eingegangen sind? Die durch den Neuen Bund Wiedergeborenen – macht doch die Schrift in Johannes 3 deutlich, dass niemand ins Reich Gottes kommen kann, es sei denn, er werde von neuem geboren. Auf dieser Grundlage bezweifle ich nicht im mindesten, dass der Ausdruck „die geringsten unter diesen meinen Brüdern" sich auf die jüdischen Verwandten des Herrn bezieht. Also wird es im Gericht über die Nationen darum gehen, wie diese sich den Juden gegenüber verhalten haben. Den Nationen, die sich auf der linken Seite des Thrones des Herrn wiederfinden, sagt er Folgendes:

> *Denn mich hungerte, und ihr gabt mir nicht zu essen; mich dürstete, und ihr gabt mir nicht zu trinken; ich war Fremdling, und ihr nahmt mich nicht auf; nackt, und ihr bekleidetet mich nicht; krank und im Gefängnis, und ihr besuchtet mich nicht.*

Darauf werden die betreffenden Nationen erwidern, sie hätten den Herrn niemals in irgendwelchen derartigen Umständen gesehen, so dass sie ihm unmittelbar hätten unter die Arme greifen müssen. Dem begegnet der Herr mit der verblüffenden Feststellung: „Wenn ihr es einem dieser Geringsten nicht getan habt, habt ihr es auch mir nicht getan." Der Herr identifiziert sich hundertprozentig mit seinem jüdischen Volk.

Was mich beunruhigt, um nicht zu sagen: schockiert, ist die Tatsache, dass Jesus nicht ein Wort darüber verliert, jene Völker hätten seine Brüder falsch behandelt. Es gibt jene Nationen, die den Juden Verkehrtes und überaus Böses angetan haben, und sie werden sich dafür rechtfertigen müssen; doch wir haben es mit weitaus mehr Völkern zu tun, die sich einfach gleichgültig verhielten und nicht zu Hilfe eilten, als die Juden in großer Not waren. So war es auch während der Jahre des Holocaust. Jawohl, Deutschland hat eine enorme Schuld für das zu tragen, was während des Naziterrors geschah. Doch es gab andere Nationen, die sich zwar an der Verfolgung der Juden nicht beteiligten, sich aber ebenso Gottes Zorn zugezogen haben, weil sie sich weigerten, den Juden, die aus Deutschland flüchteten, zu helfen und sie bei sich aufzunehmen. Der Herr sagt, das, was sie *nicht* taten, setzt sie dem harten Urteil Gottes aus. Wie sehr wir uns auch wünschen mögen, neutral sein zu können – eine solche Stellung gibt es vor dem Herrn nicht. Als Jesus verurteilt wurde, versuchte Pontius Pilatus neutral zu bleiben und beschwor seine Unschuld. Er behauptete, nichts Verkehrtes an Jesus finden zu können, bloß wieso um alles in der Welt überlieferte er ihn dann zur Kreuzigung? Pilatus ist womöglich der schlimmste Heuchler, den die Welt je gesehen hat. In Gottes Welt gibt es für Neutralität keinen Platz, sondern nur ein Dafür oder ein Dagegen. Sagte er nicht der Gemeinde in Laodizäa: „Ach, dass du kalt oder heiß wärest! Also, weil du lau bist und weder heiß noch kalt, werde ich dich ausspeien aus meinem Munde" (Offb. 3,15 f.)?

Sowohl in unseren Völkern und Regierungen als auch in unseren Kirchen gibt es solche, die sich am liebsten jeder Stellungnahme enthielten, sobald die Rede auf Israel und das jüdische Volk kommt. Nicht dass sie notwendigerweise gegen Gottes altes Bundesvolk eingestellt wären, sie wollen bloß, aus welchen Gründen auch immer, nicht klar Stellung beziehen. Das mag als legitim erscheinen, zählt aber vor Gott nicht. Treten diese Leute nicht heraus und bekennen sich offen zur Solidarität mit Gottes Volk, so werden sie unter diejenigen gerechnet werden, die sich gegen Israel gestellt haben. Die Worte des Herrn machen auch hinreichend klar, dass er Handlungen von uns erwartet. Letztlich wird es darum gehen, was wir für sein auserwähltes Volk getan oder nicht getan haben. Darum reicht es nicht mehr aus zu reden, zu beten und Israel unsere besten Wünsche zu übermitteln. Es genügt nicht einmal, dass wir uns an der Buße für die Übel der Vergangenheit beteiligen. Wir sind aufgerufen, uns zu erheben, dem so lange zurückgewiesenen, leidenden jüdischen Volk Taten der Liebe zu erweisen und das Wagnis einzugehen, in seinem gegenwärtigen Kampf um sein verheißenes Land und seine Zukunft an der Seite des jüdischen Volkes zu stehen. Buße, die nicht dazu führt, dass wir unser Bestes tun, um das Geschehene wieder gutzumachen, ist in Gottes Augen überhaupt keine Buße. Für die Gemeinde Gottes in aller Welt ist es an der Zeit, sich zu erheben, um sich kompromisslos, ausdrücklich und öffentlich mit Israel und dem jüdischen Volk zu solidarisieren. Wo wir als Christen unsere eigene Nation lieben, sollten wir tun, was wir können, um unser Volk und unsere Regierung davor zu warnen, sich gegen Israel zu wenden; denn geschähe das, so würde unsere Nation alle Hoffnung auf irgendeine Zukunft im kommenden Zeitalter der Königsherrschaft Gottes einbüßen.

Kapitel 6

Eine Herde und ein Hirte

Der Grund, warum die Gemeinde Jesu Christi sich vorbehaltlos mit dem jüdischen Volk und Israel solidarisieren sollte, liegt darin, dass die Nachfolger Jesu in direkter Verwandtschaft zum alten Bundesvolk Gottes stehen. Dass dies nicht gesehen wurde, hat das jüdische Volk nicht bloß der Unterstützung beraubt, die es vonseiten der Kirche nötig gehabt hätte, sondern auch zu der traurigen Realität geführt, dass sich die Kirche im Lauf der vergangenen Jahrhunderte immer wieder antisemitischer Haltungen schuldig gemacht hat. Sind die Juden tatsächlich unsere Familienangehörigen, so haben wir die allerbeste Motivation, uns ihnen in ihren Notzeiten zur Seite zu stellen. Würde denn nicht jeder von uns einem in Not geratenen Familienmitglied rettend und schützend beispringen?

Als Jesus zu seinen Jüngern darüber sprach, dass er der wahre Hirte sei, sagte er:

> *Und ich habe andere Schafe, die nicht aus diesem Hof sind; auch diese muss ich bringen, und sie werden meine Stimme hören, und es wird eine Herde, ein Hirte sein. Joh. 10,16*

Hier sprach Jesus seine jüdischen Jünger als Schafe aus einer Hürde an und sagte ihnen, es sollten Schafe aus einer anderen, also einer anderen als der jüdischen, zu ihnen stoßen. Es ist wohl davon auszugehen, dass er damit die in sein Reich hineinkommenden Heiden meinte und dass es letzten Endes darum geht, eine einheitliche Herde unter einem einzigen Hirten, nämlich dem Messias selbst, herzustellen. Mit anderen Worten: der Überrest Israels, das ganze Israel, das nach Römer 11,26 gerettet werden wird, und die Vollzahl der Heiden, die vollendete Gemeinde, werden eine Herde unter dem einen Hirten bilden.

Damit ist uns auch der Weg zur weiteren Erfüllung des bereits zitierten Wortes aus Johannes 11,52 gewiesen, wo betont wird, dass Jesus nicht nur gestorben ist, um die Kinder Gottes zu sammeln, sondern auch, um sie zu vereinen. Es kann ja keinen Zweifel an der Tatsache geben, dass es, da wir es nur mit einem Gott zu tun haben, am Ende auch nur ein Gottesvolk geben wird. Dafür gab der Messias am Kreuz sein Leben, wie Paulus es im Epheserbrief deutlich herausstreicht:

> *Deshalb denkt daran, dass ihr, einst aus den Nationen dem Fleisch nach – „Unbeschnittene" genannt von der sogenannten „Beschneidung", die im Fleisch mit Händen geschieht –, zu jener Zeit ohne Christus wart, ausgeschlossen vom Bürgerrecht Israels und Fremdlinge hinsichtlich der Bündnisse der Verheißung; und ihr hattet keine Hoffnung und wart ohne Gott in der Welt. Jetzt aber, in Christus Jesus, seid ihr, die ihr einst fern wart, durch das Blut des Christus nahe geworden. Denn er ist unser Friede. Er hat aus beiden eins gemacht und die Zwischenwand der Umzäunung abgebrochen. In seinem Fleisch hat er die Feindschaft, das Gesetz der Gebote in Satzungen, beseitigt, um die zwei – Frieden stiftend – in sich selbst zu einem neuen Menschen zu schaffen und die beiden in einem Leib mit Gott zu versöhnen durch das Kreuz, durch das er die Feindschaft getötet hat. 2,11-16*

Achten wir darauf, was der Apostel hier sagt. Jesus hat aus beiden, das heißt aus Juden und Heiden, eins gemacht, indem er die Mauer, die sie trennte, niederriss, also die Vorschriften des Gesetzes mit all seinen Verordnungen. Wir sehen das Prinzip, dass Gott das Volk des Alten Bundes mit dem des Neuen dadurch vereinen wird, dass er beide miteinander unter den Neuen Bund im Blut des Messias stellt.

Darüber kann es keine Diskussion geben. Niemals würde der Herr einen Neuen Bund begründen, wenn er noch die Absicht hegte, am Alten festzuhalten. Die meisten von uns, die wir das jüdische Volk lieben und an der Wiederherstellung Israels mitarbeiten, glauben keine Sekunde, dass Gott für das jüdische Volk den Alten Bund wiederaufrichten werde. Vielmehr wird der Herr einen neuen Bund, *den* Neuen Bund, mit seinem alten Bundesvolk eingehen. Aus beiden Bundesvölkern wird er *einen* Leib formen. Das könnte uns auf den Gedanken bringen, es wären letzten Endes die Juden, die sich zu uns erlösten Heiden in der Gemeinschaft der Kirche gesellen würden, womit natürlich niemand ein Problem haben wird, der nicht an die Wiederherstellung Israels glaubt. Gesellten die Juden sich zu uns, so würden wir sie selbstverständlich willkommen heißen.

Doch so beschreibt Paulus dieses gewaltige Wunder gar nicht. Vielmehr sagt er uns, dass wir erlöste Heiden es sind, die an dem Anteil bekommen werden, was er das „Bürgerrecht Israels" nennt, und es nicht etwa sie, die Juden, sind, die unserer Körperschaft, der Kirche, beitreten. Paulus zufolge waren wir diejenigen, die von Gott getrennt waren. Wir waren diejenigen, die „Fremdlinge" waren „hinsichtlich der Bündnisse der Verheißung". Wir waren diejenigen, die keine Hoffnung hatten, da wir ohne Gott in der Welt lebten – nicht Israel und nicht die Juden!

Dass es sich genauso verhält, bestätigt Paulus im Römerbrief:

> *Wenn aber das Erstlingsbrot heilig ist, so auch der Teig; und wenn die Wurzel heilig ist, so auch die Zweige. Wenn aber einige der Zweige ausgebrochen worden sind und du, der du ein wilder Ölbaum warst, unter sie eingepfropft und der Wurzel und der Fettigkeit des Ölbaumes mit teilhaftig geworden bist, so rühme dich nicht gegen die Zweige. Wenn du dich aber gegen sie rühmst – du trägst nicht die Wurzel, sondern die Wur-*

zel dich. Du wirst nun sagen: Die Zweige sind ausgebrochen worden, damit ich eingepfropft würde. Richtig; sie sind ausgebrochen worden durch den Unglauben; du aber stehst durch den Glauben. Sei nicht hochmütig, sondern fürchte dich! Denn wenn Gott die natürlichen Zweige nicht geschont hat, wird er auch dich nicht schonen. Sieh nun die Güte und die Strenge Gottes: gegen die, welche gefallen sind, Strenge; gegen dich aber Güte Gottes, wenn du an der Güte bleibst; sonst wirst auch du ausgeschnitten werden. Aber auch jene, wenn sie nicht im Unglauben bleiben, werden eingepfropft werden; denn Gott kann sie wieder einpfropfen. Denn wenn du aus dem von Natur wilden Ölbaum ausgeschnitten und gegen die Natur in den edlen Ölbaum eingepfropft worden bist, wieviel mehr werden diese, die natürlichen Zweige, in ihren eigenen Ölbaum eingepfropft werden! Röm. 11,16-24

Also: Wer kam nun zuerst? Und wer wird in wessen Ölbaum eingepfropft? Die Antwort ist klar: Wir, die wir zur Kirche gehören, wurden in ihren, der Juden, Ölbaum eingepfropft. Sie sind die natürlichen Zweige, wir die wilden. Und ebenso wie Gott uns Heiden von unserem wilden Baum losgeschnitten und in den Ölbaum Israels eingepfropft hat, wird er die alten, abgeschnittenen jüdischen Zweige nehmen und sie wieder in ihren eigenen Baum einpfropfen. Und wie es wahr ist, dass das Wurzelwerk der Anfang des Baumes ist und den Baum trägt, während die wilden Zweige später eingepfropft wurden, ist es Tatsache, dass Israel nicht irgendeinem Kirchenbaum eingefügt wird, sondern die Kirche dem Ölbaum Israels hinzugetan. Solange Sie mir nicht einen Baum zeigen können, dessen Krone in der Erde steckt, während seine Wurzeln sich hoch oben im Wind wiegen, sollten wir in Bezug auf das Verhältnis zwischen Israel und der Kirche aufhören, die Dinge auf den Kopf zu stellen. Missachten wir auch nicht die ernste Warnung, die der Apostel der Heidenkirche gegenüber ausspricht! Lassen wir nicht von unserem Hochmut gegen die Juden ab, in dem wir ihnen immer noch ihren eigentlichen Platz in Gottes Willen und seinen Plänen absprechen, so laufen wir Gefahr, in unserem Stolz ebenso von Gott abgeschnitten zu werden wie einst die Juden aufgrund ihres Unglaubens. Wir hören hier eine klare Botschaft Gottes: Der Herr hat durchaus die Absicht, seinem alten Bundesvolk zu vergeben und es wieder in seinen ursprünglichen Ölbaum einzupfropfen – in genau denselben Baum, in den wir dank Gottes Güte und Gnade eingepfropft worden sind. Mit allem Nachdruck also sehen wir die Tatsache bekräftigt, dass wir als Gemeinde und Israel miteinander Glieder der Familie Gottes sind und dass wir Schicksal und Zukunft Israels mit den Juden teilen werden.

Zu unseren Wurzeln stehen

Wenn wir unsere Beziehung zu den Juden recht verstehen: dass wir ins Bürgerrecht Israels eingeschlossen und in den Ölbaum Israels eingepfropft worden sind, sollten wir lernen, unser eigenes Wurzelwerk zu ehren. Gott stellt unzweideutig klar, dass er von uns erwartet, unsere Eltern zu ehren und nicht etwa rebellische Leute zu sein, die sich von ihrem eigenen Hintergrund gelöst, von ihren Wurzeln abgeschnitten haben. Es ist ja ein großes Problem in den Gemeinden unserer Tage, dass es die Tendenz gibt, sich von den Väter- und Müttergenerationen loszulösen, weil man meint, man brauche sie nicht. Menschen, die ihre Wurzeln ablehnen und sich aus dem Zusammenhang der Geschichte lösen, sind dazu verurteilt, in Nöten und Verwirrung zu enden, während andererseits auf solche, die ihre Ahnen anerkennen und für das ihnen von vergangenen Generationen her überkommene Erbe dankbar sind, Fülle an Segen wartet.

Oftmals kennen wir die maßlosen Reichtümer gar nicht, an denen wir dadurch teilhaben dürfen, dass uns das Bürgerrecht Israels überkommen ist. Hören wir, was Römer 9,3 ff. sagt:

Denn ich selbst, ich habe gewünscht, verflucht zu sein von Christus weg für meine Brüder, meine Verwandten nach dem Fleisch, die Israeliten sind, deren die Sohnschaft ist und die Herrlichkeit und die Bündnisse und die Gesetzgebung und der Dienst und die Verheißungen; deren die Väter sind und aus denen dem Fleisch nach der Christus ist, der über allem ist, Gott, gepriesen in Ewigkeit. Amen.

Beachten Sie bitte: All diese Dinge erwähnt Paulus nicht in dem Sinne, dass sie einst den Israeliten gehört hätten, nicht als etwas Vergangenes, das nicht mehr existiert. All diese herrlichen geistlichen Reichtümer kommen ihnen zu und gehören ihnen. „Sohnschaft" meint das Recht, Kinder Gottes genannt zu werden. „Herrlichkeit" spricht davon, dass Gott seine ureigenste Herrlichkeit mit dem Volk Israel verknüpft hat. „Die Bündnisse" stehen dafür, dass sämtliche Gottesbünde mit Israel einschließlich des Neuen Bundes in Kraft und Geltung stehen. Kein einziger von ihnen ist annulliert. „Die Gesetzgebung" ist das Wort Gottes, die Heilige Schrift sowohl Alten als auch Neuen Testaments, das in all seiner Vollmacht dasteht. „Der Dienst", das sind Sakramente, Lobpreis, Dienstämter: Alles, was Gott je eingerichtet hat, um mit seinem Volk zu kommunizieren und seine Beziehung zu seinem Volk zu pflegen, ist unverändert. „Die Verheißungen", von denen wir enorm viele in der Schrift vorliegen haben, gelten wie eh und je. Jemand hat ausgerechnet, dass die Bibel, wenn man sämtliche Stellen mitzählt, in denen eine Verheißung oder ein Teil einer Verheißung enthalten ist, ungefähr 33.000 Verheißungen hat; und sie alle wurden Gottes Volk, den Israeliten, zuteil. Doch über all dies hinaus wurde auch „der Christus", der Messias, in erster Linie dem jüdischen Volk gegeben. Genau wie die Inschrift besagte, die Pontius Pilatus einst über sein Kreuz nageln und nicht von den Römern entfernen ließ, ist er in der Tat der König der Juden. All diese immensen Reichtümer und Segnungen Gottes hat er seinem auserwählten Volk geschenkt, und keine einzige von ihnen hat Gott je zurückgenommen und wird das auch in Zukunft nicht tun. „Denn die Gnadengaben und die Berufung Gottes sind unbereubar" (Röm. 11,29).

Hierin ist wohl der Grund für jene erstaunliche Bemerkung zu suchen, mit der Jesus in Johannes 4,22 der Samariterin in Sichar antwortet:

> *Ihr betet an, was ihr nicht kennt; wir beten an, was wir kennen, denn das Heil ist aus den Juden.*

Keineswegs sagt der Herr hier, es seien die Juden, die uns erretteten. Was er sagt, ist, dass Gott, der Eine, der uns errettet, seine Erlösung durch das jüdische Volk auf uns hat kommen lassen. Wollen wir diese große Errettung in ihrer ganzen Fülle empfangen und besitzen, so tun wir gut daran, uns mit seinem auserwählten Volk zu verbinden.

Kein Wunder, dass Paulus seine Offenbarung über das Einswerden Israels und der Kirche in dem ursprünglichen Ölbaum in den folgenden Lobpreis Gottes ausmünden lässt:

> *O Tiefe des Reichtums, sowohl der Weisheit als auch der Erkenntnis Gottes! Wie unausforschlich sind seine Gerichte und unausspürbar seine Wege! Denn wer hat des Herrn Sinn erkannt, oder wer ist sein Mitberater gewesen? Oder wer hat ihm vorher gegeben, und es wird ihm vergolten werden? Denn von ihm und durch ihn und für ihn sind alle Dinge! Ihm sei die Herrlichkeit in Ewigkeit! Amen. Röm. 11,33-36*

KAPITEL 7

Das Volk des Bundes

Die Schrift spricht von nur zwei Völkern, mit denen Gott einen besonderen Bund geschlossen hat. Das eine ist sein auserwähltes Volk Israel, das andere die Gemeinde der Herausgerufenen. Dies müssen wir unbedingt verstehen, weil es sich dahin auswirkt, was für eine Beziehung wir zu einem solchen Bundesvolk unterhalten und was wir durch Gebet und Handeln für es erreichen können. Mit einem Bundesvolk umzugehen ist in jeder Hinsicht etwas anderes, als wenn wir es mit einer x-beliebigen anderen Nation zu tun haben. Jawohl, Gott hat alle Nationen geschaffen und liebt jede Nation. Doch diejenigen Nationen, die nicht in einem Bundesverhältnis zu ihm stehen, haben vor Gott einen anderen Status inne. Wir könnten auch sagen, sie sind auf einer anderen Ebene eingeordnet als die Nationen des Bundes. Die Kirche hat im Laufe der Jahrhunderte insofern viele Fehler begangen, als sie das, was der Nation des Bundes gehört, auf jede andere Nation auf Erden übertragen hat. Tragisch war und ist die sogenannte Theologie der Ersetzung, die Israel seiner einzigartigen Stellung vor Gott entkleidet und alle ihm geltenden Verheißungen und Bibeltexte nicht bloß auf die Gemeinde, sondern auch noch auf sämtliche Heidennationen unter der Sonne überträgt. Auf der Grundlage solch verkehrter Annahmen haben sich viele Gläubige zu realitätsfernem Wunschdenken verleiten lassen. Ein solcher Irrtum ist der Glaube, jede Nation könne durch christlichen Buß- und Gebetsdienst gerettet und geheilt werden. Zur biblischen Begründung solcher Ideen wird oft 2. Chronik 7,14 herangezogen:

> *Wenn ... mein Volk, das nach meinem Namen genannt ist, sich ... demütigt und betet und mein Angesicht sucht und sich von seinem bösen Tun bekehrt: so will ich sie*

vom Himmel her erhören und ihnen ihre Sünden vergeben und ihrem Lande Rettung schaffen (Menge).

In zahllosen Anstrengungen haben wir als Charismatiker uns mittels Anwendung dieser Bibelstelle bemüht, die Entwicklung unserer Nationen umzukehren. Ich persönlich habe an Dutzenden von Konferenzen teilgenommen, deren Gesamtthema dieses Wort, 2. Chronik 7,14, war. Hand aufs Herz: Bis jetzt hat sich keine einzige unserer Nationen Gott zugewandt. Im Gegenteil: Die meisten von ihnen, wenn nicht allesamt, haben sich mehr und mehr von Gott abgewandt. Wo liegt das Problem? Darin, dass wir ein Wort auf unsere Nationen anzuwenden versuchen, das dem Bundesvolk Israel gegeben wurde und ihm allein gehört. Irgendwie scheint hier etwas unserer Aufmerksamkeit entgangen zu sein. Schließlich redet das Wort klar und deutlich von „meinem Volk, das nach meinem Namen genannt ist". Auf welche Nation, welches Volk passt diese Formel denn wohl? Nur auf zwei: auf Israel und auf die Gemeinde. Mit diesen zwei Völkern und keinem sonst hat Gott seinen großen Namen und seine Herrlichkeit verbunden. Dem Aaron sagte Gott am Schluss der ihm aufgegebenen Segensformel über Israel:

Und so sollen sie meinen Namen auf die Söhne Israel legen, und ich werde sie segnen. Num. 6,27

Und was die Gemeinde anbetrifft, so werden wir „Christen" genannt, was nichts anderes bedeutet, als dass wir den Namen Christi tragen.

Es gibt keine einzige heidnische Nation, die den Namen des Herrn trägt. Gibt der Herr einem nach seinem Namen genannten Volk Verheißungen oder stellt er einem solchen Volk Bedingungen, so geht es nicht an, dass wir uns diese einfach aneignen und auf jede beliebige Nation anwenden, wie es uns passt. Das sollte doch wohl zu begreifen sein. Ein Bundesvolk hat vor Gott eine rundum andere Stellung inne als ein

Nicht-Bundesvolk. Noch einmal: Dies bedeutet nicht, dass Gott sich um keine andere Nation kümmert und es sich also nicht auszahlte, für irgendeine andere Nation zu beten oder zu arbeiten. In diesem Buch freilich geht es nicht darum aufzuzeigen, welche Positionen irgendwelche Nationen vor Gott und in Bezug auf sein Wort haben – wer sich dafür interessiert, lese die Anweisung, die Paulus in seinem ersten Brief an Timotheus (2,1-8) gab, eine Lehre darüber, wie wir für die heidnischen Nationen beten und was wir von solchem Gebet erwarten können. Hier mag es genügen, darauf hinzuweisen, dass die Möglichkeiten, die Paulus uns im Blick auf das darbietet, was für die Heidennationen getan und erwartet werden kann, nicht dem gleichkommen, was Gott dem Volk verheißt, mit dem er einen besonderen Bund geschlossen hat.

Ein ewiger Bund

Forschen wir in der Bibel zum Thema Israel, so stoßen wir auf Massen von Aussagen, die Gottes Bund mit diesem Volk betreffen. In Genesis 17 begründet Gott seinen Bund mit Abram:

> *Ich werde meinen Bund aufrichten zwischen mir und dir und deinen Nachkommen nach dir durch alle ihre Generationen zu einem ewigen Bund, um dir Gott zu sein und deinen Nachkommen nach dir. Und ich werde dir und deinen Nachkommen nach dir das Land deiner Fremdlingschaft geben, das ganze Land Kanaan, zum ewigen Besitz, und ich werde ihnen Gott sein. Vv. 7 f.*

In der Tat ein äußerst bemerkenswertes Wort! Sind wir uns darin einig, dass der Gott des Alten Bundes identisch ist mit dem des Neuen und dass die ganze Bibel, sowohl Alten als auch Neuen Testaments, das inspirierte Wort Gottes ist, so stehen wir hier vor etwas Unglaublichem. Der Bund des Herrn mit Abraham und sämtlichen Geschlechtern seiner Nachkommen ist ein ewiger und nicht bloß ein zeitweiliger Bund, der eine bestimmte geschichtliche Epoche überspannt. Dieses Argument sollte uns klar machen, wieso das jüdische Volk ungeachtet jahrtausendelanger Pogrome, Verfolgungen und Holocausts nach wie vor am Leben und wohlauf ist. In der gesamten Menschheitsgeschichte gibt es kein anderes Volk, das erlitten und überwunden hätte, was das jüdische Volk erlitten und überwunden hat, und nach wie vor als eine Nation innerhalb der internationalen Völkergemeinschaft bei uns wäre. Jedes andere Volk, das ähnlichem Hass und gleichem Vernichtungswillen ausgesetzt war, ist längst vom Erdboden verschwunden. Historiker erachten die Existenz der jüdischen Rasse als ein in der Menschheitsgeschichte einzigartiges Wunder. Der Grund für dieses Wunder liegt nicht etwa im Genius der Juden, sondern in der Tatsache, dass Gott seinen Bund mit ihnen als einen ewigen Bund geschlossen hat.

Das Land ist mit einbezogen

Und der Herr schloss seinen Bund nicht mit dem Volk allein, sondern auch mit dem Land. Dies ist um so unglaublicher, als das Land Israel in unseren Tagen zum absoluten Brennpunkt der Weltpolitik geworden ist. Nur wenige Christen würden die Behauptung in Abrede stellen, dass Gott das jüdische Volk am Leben erhalten hat und die Juden sein auserwähltes Volk sind. Kommt die Rede hingegen auf das Land, so liegen die Dinge anders. Dann geht es ja mit einem Mal um Politik, und Politik halten viele Christen für ein schmutziges Geschäft. Für meine Begriffe ist es äußerst inkonsequent, dass die Leute mit dem, was Gott über das Volk gesagt hat, keine Mühe haben, wohl aber mit dem, was er über das Land sagt. Das ist eine jener Torheiten, die man heute unter gläubigen Menschen antreffen kann. Gottes Wort ist kristallklar: Er gibt den Nachkommen Abrahams das Land

Kanaan zum ewigen Besitztum. Nehmen wir Gottes Wort über das Volk ernst, so tun wir gut daran, seinem Wort über das Land keine andere Behandlung angedeihen zu lassen. Alles andere ergibt keinen Sinn.

Wir haben ein weiteres Bibelwort, mit dem der Herr klar herausstreicht, dass sein Bund Volk und Land betrifft:

> *Er gedenkt ewig seines Bundes – des Wortes, das er geboten hat auf tausend Geschlechter hin –, den er gemacht hat mit Abraham, und seines Eides an Isaak. Er richtete ihn auf für Jakob zur Ordnung, Israel zum ewigen Bund, indem er sprach: Dir will ich das Land Kanaan geben als euch zugemessenes Erbe. Ps. 105,8-11*

Was könnte klarer sein als dies? Gottes Bund besteht ebensosehr mit dem Land wie mit dem Volk. Verhielte es sich anders, so könnten die Juden zwar durchaus nach wie vor quicklebendig in der Welt existieren, doch würden sie niemals – wie es heute eine unbestreitbare historische Tatsache ist – in jenem Lande leben, das ihnen zugesprochen wurde, und als eigenständige Nation jenes geographische Territorium ausfüllen, das Gott einst ihnen und keinem anderen Volk übereignete. Dass die Dinge so liegen, ist nicht etwa den zionistischen Pionieren zuzuschreiben, die ins Land Israels heimkehrten und die moderne israelische Nation begründeten. Die Entwicklung, vor der wir stehen, ist nur dank des Bundes möglich geworden, den Gott mit diesem Volk und diesem Land schloss. Wie weiter oben in diesem Buch ausgeführt, ist das Land recht betrachtet gar nicht Eigentum des Volkes. Es gehört dem Herrn. Er nennt es „mein Land“ (Jo. 4,2), und weil es so ist, hat der Herr selbstverständlich jedes Recht, es zu geben, wem er will. Was er getan hat, ist, dass er sein Land dem Volk Israel gab, und zwar als ewiges Erbe und unlöslichen Teil seines Bundes mit diesem Volk. Folglich gehört das Land den Nachkommen Abrahams in der Linie Isaaks, also dem jüdischen Volk, und was auch immer geschieht, niemand wird jemals auf dieses Land Anspruch erheben oder es den Juden entreißen können. Da können Menschen machen, was sie wollen. Sie können jedweden politischen Plan aushecken, der ihnen einfallen mag. Sie können noch so viel Gewalt kriegerischer oder terroristischer Art anwenden, um dieses Land seinen Eigentümern zu entwinden: Es wird ihnen niemals glücken. Der Herr steht zu seinem Bundesvolk und zum Land seines Bundes. Dieser Bund ist ein ewiger Bund!

Die Alija ist mit einbezogen

Wenden wir uns dem Buche Jeremia zu, so entdecken wir, dass der Bund noch mehr in sich schließt:

> *Siehe, ich werde sie aus all den Ländern sammeln, wohin ich sie vertrieben habe in meinem Zorn und in meinem Grimm und in großer Entrüstung. Und ich werde sie an diesen Ort zurückbringen und sie in Sicherheit wohnen lassen. Und sie werden mein Volk und ich werde ihr Gott sein. Und ich werde ihnen einerlei Sinn und einerlei Wandel geben, damit sie mich alle Tage fürchten, ihnen und ihren Kindern zum Guten. Und ich werde einen ewigen Bund mit ihnen schließen ... 32,37-40*

Die Tatsache, dass Israel das Bundesvolk ist, wird hier mit zwei Gesichtspunkten verbunden. Der eine ist, dass die Heimkehr Bestandteil des Bundes ist, insofern der Bund bestimmt, dass die Juden zunächst einmal nach Hause kommen sollen. Der andere Gesichtspunkt besteht darin, dass der Bund, den der Herr mit ihnen eingehen wird, sobald sie aus allen Ländern heimgekehrt sein werden, der Neue Bund sein wird – derselbe, den er mit uns geschlossen hat, die wir zur Gemeinde gehören. Genau das bringt Paulus in seinem Brief an die Römer so klar zum Ausdruck:

… und so wird ganz Israel errettet werden, wie geschrieben steht: „Es wird aus Zion der Erretter kommen, er wird die Gottlosigkeiten von Jakob abwenden; und dies ist für sie der Bund von mir, wenn ich ihre Sünden wegnehmen werde.“ 11,26 f.

Ohne jeden Zweifel ist Israel Gottes Bundesvolk. Kein Wunder, dass Paulus, der Apostel, den Israeliten mit den Worten „deren … die Bündnisse … sind“ alle Gottesbünde zueignet.

Ein festes Fundament

Es ist ein himmelweiter Unterschied, ob wir es mit einem Bundesvolk oder mit einem normalen Volk zu tun haben, mit dem Gott keinen speziellen Bund unterhält. Haben wir im Gebet oder anderweitig mit Israel zu tun, so steht uns ein fester Grund zur Verfügung, auf den wir uns stützen können. Ich bin davon überzeugt, dass das Überleben des jüdischen Volkes durch die Jahrhunderte einzig und allein mit der Tatsache erklärlich ist, dass der Gott Israels mit diesem Volk einen ewigen Bund geschlossen hat.

Immer wenn Israels Existenz gefährdet war, erfuhr das Volk Rettung, indem es, sich auf den Bund berufend, an Gott appellierte. Als die Israeliten sich in der Wüste versündigt und Götzendienst geübt hatten, indem sie sich das Goldene Kalb gossen, war Gott extrem zornig auf sie, so sehr, dass er sie vertilgen wollte. Zu Mose redete Gott so:

Ich habe dieses Volk gesehen, und siehe, es ist ein halsstarriges Volk. Und nun lass mich, damit mein Zorn gegen sie entbrenne und ich sie vernichte, dich aber will ich zu einer großen Nation machen. Ex. 32,9 f.

Als Mose daraufhin in den Riss trat und um die Verschonung seines Volkes flehte, begründete er seine Sache so:

Denke an deine Knechte Abraham, Isaak und Israel, denen du bei dir selbst geschworen und denen du gesagt hast: Ich will eure Nachkommen so zahlreich machen wie die Sterne des Himmels, und dieses ganze Land, von dem ich gesagt habe: „Ich werde es euren Nachkommen geben", das werden sie für ewig in Besitz nehmen. V. 13

Indem er auf den ewigen Bund Bezug nahm, gelang es Mose, das Herz Gottes zu bewegen, so dass der Herr seinen Zorn zurückhielt:

Da gereute den HERRN das Unheil, von dem er gesagt hatte, er werde es seinem Volk antun. V. 14

Halten wir uns noch einmal vor Augen, was sowohl bei der Befreiung Israels aus Ägypten als auch bei seiner Rückführung aus dem babylonischen Exil der springende Punkt war.

Als die Israeliten von den Sklaventreibern des Pharao mehr und mehr unterjocht wurden, begannen sie nach Gottes Gnade zu rufen. Ihr Schreien kam vor den Herrn, und dies war die Reaktion, die das Leiden seines erwählten Volkes bei ihm auslöste:

Da hörte Gott ihr Ächzen, und Gott dachte an seinen Bund mit Abraham, Isaak und Jakob. Und Gott sah nach den Söhnen Israel, und Gott kümmerte sich um sie. Ex. 2,24 f.

Was sie rettete, war der Bund!

Viel später in seiner Geschichte sah sich Israel in Bestrafung seines Ungehorsams und seiner Sündhaftigkeit nach Babylonien verschleppt. Der Herr hatte das Volk zu siebzigjähriger Gefangenschaft verurteilt. Gegen Ende dieser Zeitspanne führte die Lektüre des Jeremiabuches den Propheten Daniel zu der Erkenntnis, dass die Zeit des Exils fast vorüber war. Daraufhin wandte er sich betend und fastend dem Herrn zu und flehte um die Befreiung der Juden. Und wie argumentierte er, um Gottes Herz zu bewegen?

Und ich betete zum HERRN, meinem Gott, und ich bekannte und sprach: Ach, Herr, du großer und furchtbarer Gott, der Bund und Güte denen bewahrt, die ihn lieben und seine Gebote halten! Dan. 9,4

Daniel beendete seinen Gnadenappell an Gott mit folgenden Worten:

Neige, mein Gott, dein Ohr und höre! Tu deine Augen auf und sieh unsere Verwüstungen und die Stadt, über der dein Name genannt ist! Denn nicht aufgrund unserer Gerechtigkeiten legen wir unser Flehen vor dich hin, sondern aufgrund deiner vielen Erbarmungen. V. 18

Was die Juden schließlich aus ihrer babylonischen Gefangenschaft befreite und in ihr Land zurückbrachte, waren weder Daniels Gebete noch irgendwelche jüdischen guten Werke, sondern einzig und allein die Tatsache, dass sie Gottes Bundesvolk waren – und das sind sie immer noch.

Kapitel 8

Der Gott des Bundes

Jeder Bund, den Gott jemals mit Menschen geschlossen hat, geht auf seine eigene Initiative zurück. Wir sind außerstande, irgendetwas ins Werk zu setzen, das Gott binden könnte. Hätte man dies in der Kirche besser verstanden, so hätten wir gar nicht erst versucht, nach unserem eigenen Gutdünken diese oder jene Nation Gott zu unterstellen, nur um nachher sehen zu müssen, dass dergleichen niemals funktioniert.

Sein Bundesverhältnis mit Abraham begründete Gott mit folgenden Worten:

> *Und ich werde meinen Bund aufrichten zwischen mir und dir und deinen Nachkommen nach dir … Gen. 17,7*

Beachten Sie: Der Herr spricht von „meinem Bund". Das gesamte Bundesverhältnis beruht auf seiner Initiative und seiner Idee. Freilich ist es wahr, dass zu einem Bund immer zwei gehören. So ist es auch hier. Weiter sagt der Herr nämlich:

> *Und Gott sprach zu Abraham: Und du, du sollst meinen Bund halten, du und deine Nachkommen nach dir, durch ihre Generationen! V. 9*

Um so erstaunlicher ist dies: Beachten wir, in welcher Weise Abraham den Gottesbund halten sollte, so entdecken wir, dass von ihm und seinen Nachkommen nichts anderes verlangt wurde, als dass sie sich beschneiden ließen. Nichts weiter wurde von Abraham verlangt: kein ganzes System guter Werke oder dergleichen. Deshalb nennen wir den Abrahamsbund einen Bund der Gnade und nicht des Gesetzes. Er verlangt keine Werke, sondern nur eine einzige Antwort: den Gehorsamsschritt der Beschneidung. Erst wesentlich später wurde unter Mose der Bund des Gesetzes eingeführt, der allerdings nicht als ewiger, sondern nur als zeitlich begrenzter Bund gedacht war. Dass dies nicht immer gesehen wurde, hat zu viel Verwirrung geführt und wird auch in Zukunft noch manches Durcheinander hervorrufen. Zugleich haben wir es hier mit einem der Gründe dafür zu tun, dass manche Gläubigen die Forderung erheben, Israel müsse erst das Gesetz halten, um berechtigt zu sein, ins verheißene Land zurückzukehren und dort zu bleiben. Der Denkfehler dieser Gläubigen besteht darin, dass sie meinen, hier gelte der Bund des Gesetzes, während die Rückkehr der Juden und ihr Recht auf das Land in Wirklichkeit auf dem ewiggültigen abrahamitischen Gnadenbund beruhen. Einziger Initiator und Erhalter des Bundes mit Abraham und seinem Samen ist der Herr selbst. Er ist der Gott des Bundes und kann als solcher sein Wort niemals brechen, selbst dann nicht, wenn sein Volk ihn tief enttäuschen sollte.

Auch in einer Situation, in der Israel als ein dem Evangelium gegenüber feindseliges Volk angesprochen wird, gilt ihm immer noch Gottes Liebe, und zwar um der Väter und der Erwählung willen. Sie gilt mithin aus einem einzigen Grund:

Denn die Gnadengaben und die Berufung Gottes sind unbereubar. Röm. 11,29

Da Gott der Gott des Bundes ist, bleibt der Bund in Kraft, was auch immer passiert. Gott kann seinen Bund niemals brechen. Es ist ihm nicht möglich, die von ihm Erwählten zu nicht mehr Erwählten zu machen; und die Gaben, die er seinem erwählten Volk hat zukommen lassen, kann er niemals zurücknehmen, ebensowenig wie er den Ruf ungültig machen kann, den er auf die Menschen dieses Volkes gelegt hat.

Israel ist Gottes Ehefrau

Das Bild, in dem uns Gottes Beziehung zu Israel dargestellt wird, ist das von Mann und Frau. Es handelt sich bei jener Beziehung um ein Bundesverhältnis. Mit folgenden Worten spricht der Herr als Gemahl von Israel als seiner Frau:

Fürchte dich nicht, denn du wirst nicht zuschanden, und schäme dich nicht, denn du wirst nicht beschämt dastehen! Sondern du wirst die Schande deiner Jugend vergessen und nicht mehr an die Schmach deiner Witwenschaft denken. Denn dein Gemahl ist dein Schöpfer, HERR der Heerscharen ist sein Name, und dein Erlöser ist der Heilige Israels: Gott der ganzen Erde wird er genannt. Denn wie eine entlassene und tiefgekränkte Frau hat dich der HERR gerufen und wie die Frau der Jugend, wenn sie verstoßen ist, – spricht dein Gott. Einen kleinen Augenblick habe ich dich verlassen, aber mit großem Erbarmen werde ich dich sammeln. Im aufwallenden Zorn habe ich einen Augenblick mein Angesicht vor dir verborgen, aber mit ewiger Gnade werde ich mich über dich erbarmen, spricht der HERR, dein Erlöser. Wie die Tage Noahs gilt mir dies, als ich schwor, dass die Wasser Noahs die Erde nicht mehr überfluten sollten, so habe ich geschworen, dass ich dir nicht mehr zürnen noch dich bedrohen werde. Denn die Berge mögen weichen und die Hügel wanken, aber meine Gnade wird nicht von dir weichen und mein Friedensbund nicht wanken, spricht der HERR, dein Erbarmer. Jes. 54,4-10

Wie herrlich und wunderbar drückt Gott hier in Gestalt des zu Israel als seiner Frau sprechenden Ehemannes aus, was in seinem Herzen ist! Was immer sie getan haben mag, was immer in der Vergangenheit geschehen ist, Gott wird sein Ehegelübde halten. Er ist der Gott des Bundes, und sein Friedensbund mit Israel wird niemals rückgängig gemacht werden. Niemals wird er seiner Frau die Scheidung aussprechen, niemals seinen Bund brechen. Er kann es ganz einfach nicht, weil er kein Mensch ist, sondern Gott!

Gott straft, aber er verlässt niemals

Nirgendwo finden wir eine bessere Darstellung dieser Liebesgeschichte zwischen Gott und seinem Volk Israel als im Buche Hosea. Zwar bestraft der Herr seine untreue Frau, verlassen aber wird er sie niemals:

> *Und ich suche an ihnen heim die Festtage der Baalim, an denen sie ihnen Rauchopfer darbrachte und sich mit ihrem Ring und ihrem Halsgeschmeide schmückte und ihren Liebhabern nachlief; mich aber hat sie vergessen, spricht der HERR. Hos. 2,15*

Mit Sicherheit dürfen wir Gottes Liebe und Barmherzigkeit niemals dahin auslegen, dass er etwa Sünde und Rebellion duldete. Immer wird er seine Kinder korrigieren und bestrafen, weil er ein wahrer, liebender Vater ist. Am Ende jedoch werden stets seine so grenzenlosen, mächtigen Gnadenerweise den Triumph davontragen:

> *Siehe, ich werde sie locken und sie in die Wüste führen und zu ihrem Herzen reden. Dann gebe ich ihr von dort aus ihre Weinberge und das Tal Achor als Tor der Hoffnung. Und dort wird sie willig sein wie in den Tagen ihrer Jugend und wie an dem Tag, als sie aus dem Land Ägypten heraufzog. Und es wird geschehen an jenem Tag, spricht der HERR, da rufst du: Mein Mann! Und du rufst mich nicht mehr: Mein Baal! Und ich entferne die Namen der Baalim aus ihrem Mund, und sie werden nicht mehr mit ihrem Namen erwähnt. Vv. 16-19*

Und ich will dich mir verloben in Ewigkeit, und ich will dich mir verloben in Gerechtigkeit und in Recht und in Gnade und in Erbarmen, ja in Treue will ich dich mir verloben; und du wirst den HERRN erkennen. Vv. 21 f.

Wie herrlich ist es, Zeuge des *Happy End* dieser Liebesgeschichte zu werden – und das alles aufgrund der niemals endenden Erbarmungen des Herrn und seiner große Treue gegen Israel, sein Volk und seine Geliebte.

Niemals bricht Gott seinen Bund

Wenn alles getan und alles gesagt ist, hängt die ganze Angelegenheit nur noch am unfehlbaren Wesen Gottes. Unser Vertrauen, unsere Hoffnung und unser Glaube sollten sich niemals auf irgendetwas an oder in uns selbst richten, ebensowenig wie auf irgendetwas an oder in einem anderen Menschen, wer er auch sei. Hätte nicht der Herr Vorsorge dafür getroffen, so wäre niemals auch nur ein einziger von uns zum Heil gelangt. Was immer auch geschehen mag: Gott ist ein bundestreuer Gott. Hat er einmal jemanden erwählt und berufen, so sollten wir ihm zutrauen, dass er auch weiß, wie er seine Sache mit diesem Erwählten zu einem guten Ende bringen wird. Erweisen wir diesem großen, mächtigen Gott, dem Gott Abrahams, Isaaks und Jakobs und Vater unseres Herrn Jesus Christus, dadurch die Ehre, dass wir über diese seine Worte nachdenken:

Aber selbst auch dann, wenn sie in dem Land ihrer Feinde sind, werde ich sie nicht verwerfen und sie nicht verabscheuen, ein Ende mit ihnen zu machen, meinen Bund mit ihnen ungültig zu machen; denn ich bin der HERR, ihr Gott. Und ich werde zum Guten für sie an meinen Bund mit den Vorfahren denken, die ich aus dem Land Ägypten vor den Augen der Nationen herausge-

führt habe, um ihr Gott zu sein. Ich bin der HERR. Lev. 26,44 f.

Weiter lesen wir in Psalm 89,32-35:

... Wenn sie meine Ordnungen entweihen und meine Gebote nicht halten, so werde ich ihr Vergehen mit der Rute und ihre Ungerechtigkeit mit Schlägen heimsuchen. Aber meine Gnade werde ich nicht von ihm weichen lassen und nicht verleugnen meine Treue. Ich werde meinen Bund nicht entweihen und nicht ändern, was hervorgegangen ist aus meinen Lippen.

Sollten wir uns jemals gefragt haben, woher es kommt, dass die jüdische Rasse all ihre Feinde überwunden und alle gegen sie gerichteten Verfolgungen, Pogrome und Holocausts überlebt hat, und sollten wir darüber hinaus fragen, wie es wohl angehen kann, dass die Juden sowohl die gegenwärtigen als auch die künftigen Gefahren überstehen, denen sie sich ausgesetzt sehen, so liegt die Antwort in folgendem erstaunlichen Satz, den der Herr zu seinem Volk spricht:

Denn ich, der Herr, habe mich nicht geändert, und ihr habt nicht aufgehört, Jakobssöhne zu sein. Mal. 3,6 (Menge)

Mich tröstet es ungemein – und so sollte es uns allen ergehen –, dass der Herr sein auserwähltes Volk, die Juden, niemals im Stich lassen kann. Denn wenn er sein altes Bundesvolk niemals im Stich lässt, dann weiß ich, dass er auch mich und uns, sein neues Bundesvolk, nicht im Stich lassen kann. Denn sollte die – undenkbare – Möglichkeit bestehen, dass er dem jüdischen Volk den Rücken kehrte, so könnte dasselbe auch der Kirche widerfahren. Doch es kann nicht geschehen, nie im Leben! Wie wahr sind doch die folgenden neutestamentlichen Worte des Apostels Paulus:

Das Wort ist gewiss. … wenn wir untreu sind – er bleibt treu, denn er kann sich selbst nicht verleugnen. 2. Tim. 2,11 a.13

HERR, DU BIST GROSS UND SEHR ZU LOBEN!

KAPITEL 9

In seinem Licht sehen wir das Licht

Lange Jahre des Dienstes in Israel haben mich viel über Gott gelehrt. Eines der Dinge, die ich gelernt habe, ist die Unmöglichkeit, Gottes Wege und Gedanken mit den Mitteln unseres natürlichen Intellekts herauszubekommen. Es hat viel Verwirrung hervorgerufen, wenn wir versuchten, mithilfe unseres eigenen Verstands zu begreifen, was in Israel vor sich ging. Das allermeiste, was dabei herausgekommen ist, hat sich als falsch erwiesen. Der Herr selbst sagt:

> *Denn meine Gedanken sind nicht eure Gedanken, und eure Wege sind nicht meine Wege, spricht der HERR. Denn so viel der Himmel höher ist als die Erde, so sind meine Wege höher als eure Wege und meine Gedanken als eure Gedanken. Jes. 55,8 f.*

Wir brauchen viel mehr als bloße Information, um zu verstehen, wie sich die Dinge aus einem geistlichen Blickwinkel gesehen wirklich ausnehmen.

Letztes Jahr unternahm ich eine meiner vielen Reisen in den Norden Israels. Ich stieg am Südende des Sees von Kinneret ab, von wo aus ich ohne große Mühe meine Lieblingsgegend erreichen konnte, die Golanhöhen. Doch diese letzte Reise versetzte mir einen ziemlichen Schock. Beim Anblick des Sees sah ich, dass der Wasserstand so tief abgesunken war wie noch nie zuvor. Der Uferstreifen des Sees war bis zu 20 Meter breiter geworden. Zwar wusste ich, dass in Israel viele Monate lang weniger Regen gefallen war als seit Menschengedenken, aber dass die Wasservorräte dermaßen zurückgegangen waren, erschreckte mich denn doch zutiefst.

Ich begann um eine Veränderung dieser schlimmen Situation zum Herrn zu flehen, wusste ich doch, wie ungemein wichtig dieser See für die Wasserversorgung ganz Israels war. Ich gründete meine Gebete auf die vielen Bibelstellen, die davon sprechen, dass die Israeliten den Herrn anrufen sollten, damit er zur rechten Zeit Regen gebe. Als ich eines Nachmittags von einer Tour rund um den See zurückkehrte, fühlte ich, wie der Herr zu mir redete. Er gab mir das Wort aus Psalm 36,10:

Denn bei dir ist der Quell des Lebens; und in deinem Licht sehen wir das Licht.

Dieses Wort vermittelte mir den Eindruck, ich hätte vielleicht nicht die richtige geistliche Sicht dessen, was sich hier abspielte. Es konnte sehr gut sein, dass die Dinge sich in den Augen des Herrn anders, vielleicht sogar vollkommen anders, ausnahmen. Was ich diesem Wort entnahm, war die Überzeugung, dass ich göttliche Offenbarung brauchte, um mit der gegebenen Problematik angemessen umgehen zu können. Und ich begriff, dass zwischen „Information" und „Offenbarung" Welten liegen. Offenbarung brauchen wir mehr als irgendetwas sonst. Ferner legte der Herr seinen Finger auf die Tatsache, dass das Licht, das ich brauchte, mir ausschließlich innerhalb einer lebensspendenden Gemeinschaftsbeziehung zu ihm selbst zuteil werden konnte. Wir sollten nicht vergessen, dass das Licht dieser Welt eine Person ist, nämlich die Person des Sohnes Gottes, des Herrn Jesus. Johannes sagt es in seinem Evangelium so:

In ihm war Leben, und das Leben war das Licht der Menschen. 1,4

Informationen können wir in jeder Menge aufnehmen und bedenken; Offenbarung aber ist etwas Geistliches, das uns nur dann zufließt, wenn wir ausgiebig enge Gemeinschaft mit dem Herrn haben. Je mehr Zeit wir in seiner Gegenwart zubringen, um so mehr wird das Licht seines Heiligen Geistes auf uns strahlen und uns die Augen dafür öffnen, dass wir sehen, wie der Herr sieht. Und wie sehr brauchen wir das – sehen doch die Dinge in Gottes Augen sehr viel anders aus als in unseren. Wollen wir gute Mitarbeiter an seiner Seite sein, so müssen wir die Dinge in seinem Licht sehen.

Ich verließ den Norden und fuhr nach Jerusalem hinauf, um mich an einer Gebetskonferenz zu beteiligen. Als ich meine schockierende Erfahrung am See Kinneret mitteilte, kam ein Bruder zu mir und sagte mir folgendes Wort des Herrn:

> *Denn siehe, der Herr, der HERR der Heerscharen, nimmt von Jerusalem und von Juda Stütze und Stab hinweg, jede Stütze des Brotes und jede Stütze des Wassers: Held und Kriegsmann, Richter und Prophet und Wahrsager und Ältesten; den Obersten von fünfzig Mann und den Angesehenen und den Ratgeber und den geschickten Zauberer und den Beschwörungskünstler.*
> *Jes. 3,1 ff.*

Welch bemerkenswertes Wort! Nun, wieso sollte der Herr seinem Volk so etwas tun? Die Antwort liegt auf der Hand. Weil Israel sich von Gott abgewandt hatte und sich auf seine eigene Weisheit, seine Stärke und seine Ressourcen verließ, musste der Herr dem Volk all das entziehen, um es wieder neu in die äußerste Abhängigkeit von ihm und ihm allein zu zwingen. Und diese Wahrheit ging nicht nur das geschichtliche Israel an. Sie ist heute aktueller als je zuvor. Israel versucht in eigener Kraft voranzukommen, sucht Beistand bei anderen Nationen, begreift aber nicht, dass es allein auf Gottes Weisheit und Hilfe angewiesen ist. Nur auf diesem Wege wird es am Ende vor all seinen Feinden gerettet werden. Wir müssen in unseren Gebeten und Bemühungen um Unterstützung Israels enorm aufpassen, dass wir nicht in Wirklichkeit in einer Weise beten, die Israels Selbstvertrauen noch mehr zementiert, anstatt es mehr in die Arme des Gottes Israels zu treiben.

Mittlerweile bin ich überzeugt, dass wir nur das ohnehin herrschende Chaos noch mehr fördern, solange wir nicht aufhören, den richtigen Weg für Israel auf der Grundlage unserer natürlichen Vorlieben oder politischen Einstellungen zu suchen. Was wir brauchen, ist geistliche Offenbarung: göttliches Licht, damit wir erkennen können, wie Gott die ganze Situation sieht. Wir müssen davon abkommen, die Dinge aus der physischen Perspektive zu sehen, und statt dessen einen ganz und gar himmlischen Blickwinkel gewinnen. Das 1. Kapitel des Jeremiabuches liefert uns ein Beispiel für den Unterschied zwischen diesen beiden Sichtweisen:

> *Und das Wort des HERRN geschah zu mir: Was siehst du, Jeremia? Und ich sagte: Ich sehe einen Mandelzweig. Und der HERR sprach zu mir: Du hast recht gesehen, denn ich werde über meinem Wort wachen, es auszuführen. Und das Wort des HERRN geschah zu mir zum zweiten Mal: Was siehst du? Und ich sagte: Ich sehe einen siedenden Topf, dessen Oberfläche von Norden her geneigt ist. Da sprach der HERR zu mir: Von Norden her wird das Unglück losbrechen über alle Bewohner des Landes. Vv. 11-14*

Der junge Jeremia empfing zwei Visionen, die sich auf ein und dieselbe Situation bezogen. Die erste Vision zeigte die Situation aus geistlicher, himmlischer Perspektive. Die zweite bildete die Ereignisse aus physischer, irdischer Sicht ab. Jeremia wurde aufgefordert, die Dinge zuerst aus Gottes Blickwinkel zu betrachten: nämlich zu erkennen, dass das, was geschehen würde, voll und ganz damit zu tun hatte, dass Gott über der Erfüllung seines Wortes wachte. Die andere Vision zeigte dann, wie sich diese Vorgänge im physischen Bereich ausnehmen würden. Welch ein Kontrast! Ich weiß nicht, was es für Jeremia bedeutet hätte, wenn er nichts weiter zu sehen bekommen hätte als den kochenden Topf. Vielleicht hätte er dann nichts anderes wahrgenommen, als dass jede Menge Schwierigkeiten auf Israel zukamen. Dieser Eindruck drängt sich ebenfalls auf, wenn wir die heutige Situation analysieren, aber er ist nicht gerade hilfreich, sondern bloß geeignet, den Menschen Angst einzujagen. Die Lage gleicht einem riesigen köchelnden Suppenkessel, und niemand vermag zu sagen, welche Ingredienzen im Topf sind und welchen Geschmack das Gericht einmal haben wird. Das alles hilft nichts – wir müssen die Situation sehen, wie Gott sie sieht. Und er ist im Begriff, sein Wort zu erfüllen! Mag sein, dass es nicht danach aussieht. Mag sein, dass es sich ganz anders anfühlt. Mag sein, dass es uns überhaupt nicht gefällt. Doch seine Wege und seine Gedanken sind so hoch über unsere erhoben, wie die Himmel über der Erde sind. Inmitten des brodelnden Gemenges der politischen und menschlichen Verwicklungen unserer Zeit müssen wir den Mandelzweig in den Blick bekommen. Wir brauchen die klare Schau des Wortes Gottes, das uns zu erkennen gibt, dass der Herr unverändert die Zügel in der Hand hält und alles, was geschieht, voll und ganz unter seiner Kontrolle hat. Mit anderen Worten: Wir müssen in seinem Licht das Licht sehen!

Mit den Augen Gottes sehen

Genau wie viele von uns hatte auch der Psalmist Asaph große Probleme, die Dinge zu durchschauen. Blickte er auf seine Lebensumstände, so hatte er als Kind Gottes mit weitaus mehr Schwierigkeiten zu kämpfen als die Menschen in der Welt. Wie er sich fühlte, drückte er mit folgenden Worten aus:

Siehe, dies sind Gottlose, und immer sorglos, erwerben sie sich Vermögen. Fürwahr, umsonst habe ich mein

Herz rein gehalten und in Unschuld gewaschen meine Hände; doch ich wurde geplagt den ganzen Tag, meine Züchtigung ist jeden Morgen da. Ps. 73,12 ff.

Während er anhaltend über dieses Paradox meditierte, ging es ihm schlechter und schlechter – so lange, bis er sich entschloss, dies alles dem Herrn hinzulegen:

Da dachte ich nach, um dies zu begreifen. Eine Mühe war es in meinen Augen, bis ich hineinging in das Heiligtum Gottes. Bedenken will ich dort ihr Ende. Fürwahr, auf schlüpfrige Wege stellst du sie, du lässt sie in Täuschungen fallen. Wie sind sie so plötzlich zum Entsetzen geworden! Sie haben ein Ende gefunden, sind umgekommen in Schrecken. Vv. 16-19

Jawohl, es scheint, als hätten die Gottlosen in vielfältiger Hinsicht ein angenehmeres Leben. Sie müssen sich nicht mit einem lebendigen, empfindsamen Gewissen abgeben, wie es den Jüngern Jesu unablässig die Konsequenzen sündhafter Handlungen vor Augen stellt. Die Gottlosen scheint es überhaupt nicht zu scheren, was sie tun, und sie können nachts friedlich schlafen. Doch so wirken die Dinge nur von einem irdischen Standpunkt aus betrachtet. Als Asaph sich endlich entschloss, ins Heiligtum zu gehen und also in die Gegenwart Gottes zu treten, bekam er einen völlig anderen Blickwinkel. In Gottes Licht sah er das Licht, und ihm ging auf, dass die Gottlosen sich in einer schrecklichen Lage befanden. Sicher, in der kurzen Spanne dieses Lebens haben sie vielleicht mehr Spaß, doch ihr Ende wird fürchterlich sein: Sie leben auf die ewige Verdammnis zu – sie sind auf dem Weg in die Hölle. Im Vergleich damit erkannte Asaph sich – und dies gilt für alle, die dem Herrn angehören – als den Glücklichen und Gesegneten. Mögen wir uns auch im Leben mit ein paar mehr Schwierigkeiten herumzuschlagen haben, so gehen wir jedoch auf ein Ende zu, das unüberbietbar herrlich sein wird: Wir sind unterwegs zum ewigen Leben mit Gott im Himmel. Überwältigt von Dankbarkeit ruft Asaph am Ende schließlich aus:

> *Wen habe ich im Himmel? Und außer dir habe ich an nichts Gefallen auf der Erde. V. 23*

Wie dramatisch veränderte sich die gesamte Weltsicht dieses Mannes! Und das alles, weil er in die Gegenwart Gottes trat und in seinem Licht das Licht sah.

Liebe Schwestern und Brüder, wir haben es nötig, dass unsere geistlichen Augen aufgehen, damit wir erkennen, welche Sicht Gott von allen Aspekten dieses Lebens hat – unseres eigenen Lebens, der Lage in Israel oder der gesamten Weltsituation. Nur so können wir dem Reich Gottes zunutze sein.

Als sich das größte Ereignis zutrug, das in der Geschichte bislang geschehen ist, nämlich die Geburt des Sohnes Gottes, nahm das gesamte religiöse Establishment keine Notiz davon. Kein Hohepriester oder sonstiger Geistlicher merkte es. Die gesamte religiöse Leiterschaft des Volkes Israel lag in tiefem Schlummer und hatte von dem entscheidenden geschichtlichen Augenblick, den sie verpasste, keine Ahnung – und dies all ihren hingebungsvollen Studien der prophetischen Schriften zum Trotz. Obwohl dies klar und deutlich aus dem Wort Gottes zu entnehmen war, hatten die religiösen Führer Israels nicht die geringste Einsicht in den Umstand, dass der Messias in der kleinen Stadt Bethlehem geboren werden musste. In ganz Jerusalem gab es nur zwei Menschen, die wussten, dass der männliche Säugling, der acht Tage nach seiner Geburt zum Tempel hinaufgetragen wurde, um beschnitten zu werden, niemand anders war als der Sohn Gottes, der Messias Israels und Erlöser der ganzen Welt.

Der alte Simeon wusste es, weil er gerecht und Gott hingegeben war: Der Heilige Geist ruhte auf ihm. Er erwartete die Ankunft des Messias. Später wurde von ihm geschrieben:

Und es war ihm von dem Heiligen Geist eine göttliche Zusage geworden, dass er den Tod nicht sehen sollte, ehe er den Christus des Herrn gesehen habe. Und er kam durch den Geist in den Tempel. Und als die Eltern das Kindlein Jesus hereinbrachten, um mit ihm nach der Gewohnheit des Gesetzes zu tun, da nahm auch er es auf seine Arme und lobte Gott und sprach: Nun, Herr, entlässt du deinen Knecht nach deinem Wort in Frieden; denn meine Augen haben dein Heil gesehen, das du bereitet hast im Angesicht aller Nationen: ein Licht zur Erleuchtung der Nationen und zur Herrlichkeit deines Volkes Israel. Lk. 2,26-32

Und dann gab es da noch Hanna, eine verwitwete 84-jährige Prophetin. Sie „wich nicht vom Tempel und diente Tag und Nacht mit Fasten und Flehen". An jenem Tag, als das Kind namens Jesus in den Tempel getragen wurde, reagierte sie so:

Und sie trat zur selben Stunde herzu, lobte Gott und redete von ihm [Jesus] zu allen, die auf die Erlösung Jerusalems warteten. V. 38

Woher wusste sie um die Bedeutung jenes Augenblicks? Aus ihrer Gewohnheit, im Tempel in der Gegenwart Gottes zu verharren und ihm in Beten und Fasten zu dienen.

Es waren zwei alte, normale Menschen, die in seinem Licht das Licht sehen konnten, weil sie beide in intimer Gemeinschaft mit dem Herrn lebten. Alle übrigen verpassten den großen historischen Augenblick. Wenn der Herr bald wiederkommen wird, wird sich die Geschichte wiederholen. Das religiöse Establishment wird in tiefem geistlichen Schlummer liegen. Gott indes wird über einige Simeons und Hannas verfügen, die Augen haben werden, um zu sehen.

Genau das war der Wunsch und das Gebet des Paulus – dass die Gemeinde Jesu Augen haben möge, um zu sehen:

Deshalb höre auch ich ... nicht auf, für euch zu danken, und ich gedenke eurer in meinen Gebeten, dass der Gott unseres Herrn Jesus Christus, der Vater der Herrlichkeit, euch gebe den Geist der Weisheit und Offenbarung in der Erkenntnis seiner selbst. Eph. 1,15 ff.

Wir brauchen nicht Informationen, die unseren Kopf bloß mit menschlichem Wissen anfüllen, sondern Offenbarung: dass die Augen unserer Herzen aufgehen und wir die Dinge des Geistes verstehen. Warum ist das so wichtig? Aus dem einfachen Grund, dass das geistliche Leben ganz und gar aus geistlichen Geheimnissen besteht, die sich dem menschlichen Verstand entziehen. Um dies zu beweisen, genügt eine kurze Auflistung der Lehren des Neuen Testaments:

- Gemäß Epheser 3,3 ist die Gemeinde ein Geheimnis.
- Römer 11,25 bezeichnet Israel als Geheimnis.
- Auch Gottes Reich ist nach Markus 4,11 ein Geheimnis.
- 1. Korinther 2,7 bezeichnet Gottes Weisheit als Geheimnis.
- 1. Korinther 15,51 nennt die Auferstehung ein Geheimnis.

Wie sollten wir mit unserem natürlichen Intellekt geistliche Geheimnisse verstehen können? Nein, wir brauchen unbedingt das Licht des Heiligen Geistes. Wir müssen anfangen, in seinem Licht das Licht zu sehen.

Wo das Licht zu sehen ist

Wie kommen wir ins Licht Gottes? Wir sahen bereits, dass der Weg darin besteht, dass wir in seine Gegenwart treten und Zeit in Gemeinschaft mit ihm verbringen, wodurch wir es ihm gestatten, seinen Heiligen Geist auf uns strahlen zu lassen. Konkreter gesagt: Wir müssen Zeit mit Gebet und Gottes

Wort verbringen. Gottes Licht wird aus seinem Wort herausstrahlen:

> *Eine Leuchte für meinen Fuß ist dein Wort, ein Licht für meinen Pfad. Ps. 119,105*

Wenn wir uns der Meditation über Gottes Wort widmen, wird der Heilige Geist dieses Wort ausleuchten und uns so die Offenbarung geben, die wir brauchen:

> *Die Erschließung deiner Worte erleuchtet, verleiht den Einfältigen Einsicht. V. 130 (Menge)*

Was mit „Erschließung“ gemeint ist, ist leicht zu verstehen: Wo wir betend über Gottes Worte meditieren, wird der Heilige Geist uns deren geistliches Verständnis eröffnen. Genau das tat Jesus für seine Jünger, als er ihnen nach seiner Auferstehung erschien:

> *Dann öffnete er ihnen das Verständnis, damit sie die Schriften verstanden … Lk. 24,45*

Beten wir doch folgendes Gebet zum Herrn, damit er uns sein Licht sende:

> *Sende dein Licht und deine Wahrheit; sie sollen mich leiten, und mich bringen zu deinem heiligen Berg und zu deinen Wohnungen. So werde ich kommen zum Altar Gottes, zum Gott meiner Jubelfreude, und werde dich preisen auf der Zither, Gott, mein Gott! Ps. 43,3 f.*

Kapitel 10

Um den Frieden Jerusalems beten

Wenn es irgendeinen Bereich gibt, in dem wir es nötig haben, in Gottes Licht das Licht zu sehen, dann ist es beim Thema Jerusalem. Wir sind berufen, für den Frieden Jerusalems zu beten; doch es scheint, als ob die Menschen in diesen verwirrenden Zeiten gar nicht mehr wüssten, was das heißt. Doch Gottes Wort gibt uns klare Anweisung:

Erbittet Heil für Jerusalem! Ruhe sollen die haben, die dich lieben! Heil sei in deinen Festungswerken, sichere Ruhe in deinen Palästen. Um meiner Brüder und meiner Freunde willen will ich sagen: Heil sei in dir! Wegen des Hauses des HERRN, unseres Gottes, will ich dein Bestes suchen. Ps. 122,6-9

Weil es im Blick auf den Nahen Osten so viel Gerede über „Frieden“ gibt und weil wir es mit dem sogenannten Friedensprozess zu tun haben, der durch das Abkommen von Oslo in Gang gesetzt wurde und nichts weiter gebracht hat als verschärfte Gewalt und vermehrtes Elend, müssen wir uns klar machen, wofür das Wort „Frieden“ in diesem Text tatsächlich steht. Das hebräische Äquivalent ist *schalom*, und dieses Wort meint etwas ganz anderes, wesentlich tiefer Gehendes als bloß die Abwesenheit von Streit oder Krieg. Waffenstillstand ist niemals dasselbe wie Friede, selbst wenn er dauerhaft wird. Gott hat es niemals auf „kalten Krieg“ angelegt und ebensowenig auf „kalten Frieden“. Das ist ein menschlicher Begriff, den man dann verwendet, wenn es gelingt, verfeindete Parteien auseinander zu halten, um ihnen keine Gelegenheit zu geben, sich gegenseitig zu zerstören.

Derlei Frieden kennt Gott nicht. Ja, er ist sogar gegen solchen „Frieden“, weil er weder seinen Zwecken dient noch den wohlverstandenen Interessen der beteiligten Menschen. Jesus sagte einst:

> *Meint nicht, dass ich gekommen sei, Frieden auf die Erde zu bringen; ich bin nicht gekommen, Frieden zu bringen, sondern das Schwert. Denn ich bin gekommen, den Menschen zu entzweien mit seinem Vater und die Tochter mit ihrer Mutter und die Schwiegertochter mit ihrer Schwiegermutter; und des Menschen Feinde werden seine eigenen Hausgenossen sein. Mt. 10,34 ff.*

Aus dem Kontext dieser Stelle ergibt sich, worauf es Jesus hier ankommt: dass nämlich er und sein Reich die absolute Priorität haben müssen, so dass man, wenn die Liebe zu ihm und der Gehorsam ihm gegenüber einen häuslichen Konflikt auslösen, damit eben leben muss. Wir, die wir Nachfolger Jesu geworden sind, können in unserem Glauben an ihn keine Kompromisse eingehen, selbst dann nicht, wenn das dazu führt, dass unsere eigenen Verwandten sich gegen uns stellen. „Friede“, der Kompromisse auf Kosten der Wahrheit eingeht, ist kein Friede. Ein „Friede“, der Gott, seinen Willen und seine Pläne ausblendet, ist ein humanistischer „kalter Friede“, der niemals Bestand haben könnte.

Das hebräische Wort *schalom* hat mehr als eine Bedeutung, aber alle Bedeutungen gehen in ein und dieselbe Richtung. *Schalom* kann „Vollendung“ heißen – Vollendetsein der Pläne und Ziele Gottes. Es kann auch „Wiederherstellung“ bedeuten; so wird es gebraucht, wenn ein Mensch in die Fülle seiner Berufung kommt. Beten wir um den Frieden Jerusalems, so bitten wir den Herrn faktisch darum, dass sich Gottes Plan über Jerusalem erfüllen möge, so dass die Stadt zur Fülle ihrer Berufung wiederhergestellt wird. Sollte jemand meinen, dies sei ohne Konflikte, Leiden und sogar Kriege möglich, so kennt er weder Gott noch sein Wort. Der gegenwärtige „Friedensprozess“ zielt nicht im Geringsten auf nur ein einziges der Ziele ab, die Gott für Jerusalem hat. Im Gegenteil: Bei diesem „Frieden“ geht es nur darum, dass Jerusalem ja nicht seine gottgegebene Stellung und Berufung ausfüllt – niemals. Dieser „Friede“ ist kein *schalom*. Er ist eine Mogelpackung durch und durch.

Schalom bedeutet auch „Heilung“, denn die hebräischen Verben für „wiederherstellen“ und „heilen“ stammen aus einer Wurzel. Diese Wortbedeutung weist uns im Blick auf den gegenwärtigen „Friedensprozess“ auf etwas sehr Interessantes hin. Gottes Wort hat vorausgesehen, was in diesen letzten Tagen geschehen würde:

> *Und den Bruch der Tochter meines Volkes heilen sie oberflächlich, indem sie sagen: Friede, Friede! – und da ist doch kein Friede. Jer. 8,11*

Diejenigen, die solches tun, sind falsche Propheten. Sie legen es darauf an, Gottes Volk oberflächlich gesehen Heilung zu verschaffen, doch diese Heilung greift lediglich die Symptome an und reicht niemals bis an die eigentliche Wurzel der ganzen Problematik. Deshalb wird dieser „Friede“ nicht vollbringen, was geschehen müsste. Er wird nicht bleiben. Er ist „kein Friede“, mag man ihn noch so sehr als „Frieden, Frieden!“ beschreien. Der Herr nennt ihn „kein Friede“. Er vermag die Verletzungen des Volkes Gottes nicht zu heilen, sondern lässt seine tiefen Wunden offen und unversorgt schwären – eine Art von „Behandlung“, die die Gesamtproblematik nur noch mehr verschlimmern kann. Die Heilung, die Gott seinem Volk anbietet, beruht darauf, dass Israel auf den Weg einschwenkt, den der Herr für es hat, und Jerusalem in die Erfüllung seiner göttlichen Berufung eintritt. Diese Heilung ist wahrer *schalom* – ein Friede, der Jerusalem in jeder Hinsicht darauf vorbereiten würde, seinen König, den wahren Friedefürsten und Messias, in seinen Mauern zu empfangen.

In seinem Brief an die Thessalonicher nimmt Paulus auf dieses Jeremiawort Bezug, und zwar deutet er es auf unsere Zeit, die Zeit der letzten Tage dieser Ära:

Was aber die Zeiten und Zeitpunkte betrifft, Brüder, so habt ihr nicht nötig, dass euch geschrieben wird. Denn ihr selbst wisst genau, dass der Tag des Herrn so kommt wie ein Dieb in der Nacht. Wenn sie sagen: Friede und Sicherheit!, dann kommt ein plötzliches Verderben über sie, wie die Geburtswehen über die Schwangere; und sie werden nicht entfliehen. 1. Thess. 5,1 ff.

Dies deutet darauf hin, dass ganz am Ende der Geschichte, unmittelbar vor dem Kommen des Messias, der Brennpunkt der internationalen Aufmerksamkeit auf dem Thema Frieden liegen wird. Das Wort „Friede" wird die Medienlandschaft dominieren, und jedermann wird es auf den Lippen führen. Es wird so aussehen, als mache die Menschheit ungeheure Fortschritte; in Wirklichkeit aber ist das Ganze ein einziges Potemkin'sches Dorf, und alles, was man erreicht zu haben scheinen wird, wird mit einem Mal in Trümmer fallen. Gott wird diese ganze Politik seinem Gericht unterwerfen, denn es handelt sich um einen faulen, humanistischen, antichristlichen Frieden, einen Frieden ohne Gott.

Kein Friede ohne Gott

Wahrer Friede ist ohne Beziehung zu Gott vollkommen unmöglich. Das sagt die Bibel in aller Eindringlichkeit:

Kein Friede den Gottlosen, spricht der HERR. Jes. 48,22

Derselbe Satz wird in Jesaja 57,21 noch einmal wiederholt. Auf dänisch gibt es eine interesssante Übersetzung dieser Verse, in der es heißt: „Für die Gottlosen, spricht der Herr, gibt es keinen Frieden."

An dieser Stelle rühren wir an den tiefsten Grund dessen, was es mit Frieden auf sich hat. Friede ist kein Gefühl und kein Zustand. Wahrer Friede ist eine Person, nämlich die Person des Sohnes Gottes, des Messias. Und Frieden erlangen bedeutet, eine persönliche Beziehung zu ihm zu haben. Eine Person ohne persönliche Gottesbeziehung ist *per definitionem* eine gottlose Person, eine Person ohne Gott. Für niemanden gibt es Frieden ohne den lebendigen Gott – nirgendwo. Auf diesen Punkt bringt denn auch Paulus die Dinge, wenn er Epheser 2,14-17 schreibt:

> *Denn er [Christus] ist unser Friede. Er hat aus beiden eins gemacht und die Zwischenwand der Umzäunung abgebrochen. In seinem Fleisch hat er die Feindschaft, das Gesetz der Gebote in Satzungen, beseitigt, um die zwei – Frieden stiftend – in sich selbst zu einem neuen Menschen zu schaffen und die beiden in einem Leib zu versöhnen durch das Kreuz, durch das er die Feindschaft getötet hat. Und er kam und hat Frieden verkündigt euch, den Fernen, und Frieden den Nahen.*

Ohne den, der unser Friede ist, gibt es folglich keinerlei Weg zum Frieden. Es gibt keine wahre Versöhnung außer durch das Kreuz Christi. Wer um den Frieden Jerusalems betet, der bittet darum, dass das jüdische Volk mit dem Gott Israels versöhnt werde, endlich Buße tue und den Herrn Jesus als seinen Messias annehme. Der Prozess, der zu diesem Durchbruch hinführen muss, wird jedoch alles andere als friedlich verlaufen. Es wird vielmehr eine Schlacht zu schlagen sein, randvoll mit Streitigkeiten und Problemen. Denn Friede für Jerusalem bedeutet, dass die Stadt in die Vollendung der Pläne Gottes hineinkommt und sich im Messias ihr gottgegebenes Schicksal erfüllt. Das und nur das allein ist wahrer *schalom*.

Wahrer Wohlstand

In seinem Wort verspricht der Herr, denen, die Jerusalem lieben, werde es wohl ergehen. Doch wie wir es beim Wort „Frieden“ sahen, ist es auch bei der Vokabel „Wohlstand“: Viele gläubige Menschen missverstehen diese Begriffe. War es nicht inmitten des Leibes Jesu, dass ein sogenanntes Wohlstandsevangelium verkündigt werden konnte? Dahinter steht ein Programm, das ebenso verkehrt ist wie der falsche Friede, von dem wir soeben sprachen. In vielerlei Hinsicht hat sich Humanismus ins Christentum eingeschlichen – die Folge ist eine Verderbnis unseres Denkens und unserer Theologie. Jenes „Evangelium“, ein falsches Evangelium, verspricht den Gläubigen materielle Reichtümer, ein Leben ohne Leid und Schmerzen, ohne Probleme und Krankheiten. Derlei Verheißungen entspringen einem dem wirklichen Wort Gottes völlig fremden Wunschdenken. Biblischer Wohlstand besteht darin, dass es einem Menschen glückt, so zu leben, dass sich Gottes individueller Lebensplan für den Betreffenden erfüllt. Niemand könnte im Leben hier auf der Erde je mehr Erfolg haben, als dass es ihm gelänge, an das Ziel zu kommen, das Gott für ihn gesetzt hat. Solche Zielerreichung, das ist wahrer Wohlstand.

In diesem Sinne war Jesus erfolgreich, auch wenn sein Lebensweg ihn ans Kreuz führte. Auf diesem Wege ging es ihm wohl. Zu seinem Vater konnte er sagen:

Ich habe dich verherrlicht auf der Erde; das Werk habe ich vollbracht, das du mir gegeben hast, dass ich es tun sollte. Joh. 17,4

Ebendieses Zeugnis vermochte auch der Apostel Paulus zu geben:

Ich habe den guten Kampf gekämpft, ich habe den Lauf vollendet, ich habe den Glauben bewahrt; fortan liegt mir bereit der Siegeskranz der Gerechtigkeit, den der Herr, der gerechte Richter, mir zur Vergeltung geben wird an jenem Tag: nicht allein aber mir, sondern auch allen, die seine Erscheinung lieben. 2. Tim. 4,7 f.

Und auch wenn wir ins Alte Testament zurückblättern, stoßen wir auf dasselbe Prinzip wahren Wohlergehens. Nehmen wir zum Beispiel Joseph, den Lieblingssohn Jakobs. Josephs Leben war alles andere als leicht und bequem. Nie im Leben könnten ihn die modernen Wohlstandsprediger als Beispiel für ihre Lehren heranziehen. Nachdem er von seinen Brüdern misshandelt und auf den ägyptischen Sklavenmarkt verkauft worden war, endete er als Sklave im Hause des Potiphar. Die Entwicklung vom Lieblingssohn Jakobs zum ägyptischen Sklaven wird man wohl kaum eine Erfolgsgeschichte nennen wollen. Und doch bezeichnet die Bibel Joseph als erfolgreich:

Der HERR aber war mit Joseph, und er war ein Mann, dem alles gelang; und er blieb im Haus seines ägyptischen Herrn. Als nun der Herr sah, dass der HERR mit ihm war und dass der HERR alles, was er tat, in seiner Hand gelingen ließ, da fand Joseph Gunst in seinen Augen ... Gen. 39,2 ff.

Und wieder sehen wir, dass Wohlstand in Gottes Augen gar nichts mit äußeren Lebensumständen zu tun hat, sondern vielmehr damit, dass ein Mensch in der Hand Gottes gebräuchlich wird und sich Gottes Plänen dienstbar macht. Als Joseph später fälschlich beschuldigt wurde, die Frau Potiphars verführt zu haben – in Wahrheit verhielt es sich genau andersherum –, warf man ihn ungerechtfertigterweise ins Gefängnis. Nun sollte man meinen, damit seien sein Leben und seine Karriere an ihren Endpunkt gelangt, doch weit gefehlt: Josephs Leben war weiterhin von Wohlergehen gekennzeichnet.

Der Oberste des Gefängnisses sah nicht nach dem Geringsten, das unter seiner [Josephs] Hand war, weil der HERR mit ihm war; und was er tat, ließ der HERR gelingen. V. 23

Verstehen wir das Wort also in dieser Bedeutung, so sehen wir, dass der Herr jedem, der für Jerusalem betet und Jerusalem liebt, Gelingen und Glück verspricht.

Das göttliche Los Jerusalems

Was wahrer *schalom* für Jerusalem, verstanden im Sinne seines ewigen Schicksals, bedeutet, zeigen die letzten Worte von Psalm 122, der Gottes Volk auffordert, um den Frieden dieser Stadt zu beten:

Um meiner Brüder und meiner Freunde willen will ich sagen: Heil sei in dir! Wegen des Hauses des HERRN, unseres Gottes, will ich dein Bestes suchen. Vv. 8 f.

Die überragende Bedeutung Jerusalems hängt einzig und allein am „Haus des HERRN". Man nimmt an, dass Jerusalem ursprünglich einmal *Uru-Salim* hieß, was soviel bedeutet wie „Wohnplatz", „Heim", „Ort des Friedens", eine Benennung, die ohne Frage damit zu tun hat, dass der Herr Jerusalem zu seinem Wohnsitz auf Erden auserkor, genauer gesagt den Zion, den Tempelberg. Wenn wir um den Frieden Jerusalems beten, dann so, dass die Stadt dahin gelange, wieder Wohnplatz Gottes zu sein. Im Blick auf die Wiederkunft des Messias auf diese Erde und die Errichtung seines Tausendjährigen Friedensreichs auf der Erde spielt Jerusalem eine ganz entscheidende Rolle. Und darauf zielen unsere Friedensgebete für diese Stadt ab: dass sie voll und ganz wiederhergestellt und dafür zubereitet werde, Gottes Wohnplatz zu sein.

Das von Gott ersehene Los Jerusalems umfasst dreierlei Dinge: Als erstes muss die Stadt für die Wiederkunft ihres Messias', des wahren Königs Jerusalems, als Residenzort zubereitet werden. Wir sahen bereits, dass das Kommen des Herrn davon abhängt, dass die Stadt als Braut für ihren Bräutigam fertig bereitet ist. Jesus sagte der Stadt Jerusalem, er werde nicht wiederkommen, ehe er in Jerusalem mit den Worten „Gepriesen sei, der da kommt im Namen des HERRN!“ (Mt. 23,39) willkommen geheißen werde. Darum ist der *schalom*, die Wiederherstellung Jerusalems, von ungeheurer Wichtigkeit.

Ganz klar bezeichnet Offenbarung 21,2 f. die Bedeutung Jerusalems als Wohnplatz des Herrn, auch wenn hier genau genommen vom Neuen Jerusalem die Rede ist:

> *Und ich [Johannes] sah die heilige Stadt, das neue Jerusalem, aus dem Himmel von Gott herniederkommen, bereitet wie eine für ihren Mann geschmückte Braut. Und ich hörte eine Stimme vom Thron her sagen: Siehe, das Zelt Gottes bei den Menschen! Und er wird bei ihnen wohnen, und sie werden sein Volk sein, und Gott selbst wird bei ihnen sein.*

Auch in der Endzeitschilderung des Sacharjabuches spielt die Stadt Jerusalem eine ausgesprochene Hauptrolle. Ehe der Messias kommt und sein Volk freisetzt, ist Jerusalem durch sämtliche Nationen angegriffen und sogar eingenommen worden. Inmitten dieser Schlacht gegen Jerusalem wird der Herr kommen und seinen Fuß auf den Ölberg setzen. Er wird die Heere der Nationen schlagen, und für Jerusalem gilt:

> *Und es wird geschehen an jenem Tag, da werden lebendige Wasser aus Jerusalem fließen, die eine Hälfte zum östlichen Meer und die andere Hälfte zum hinteren Meer; im Sommer wie im Winter wird es so geschehen. Und der HERR wird König sein über die ganze*

Erde; an jenem Tag wird der HERR einzig sein und sein Name einzig. 14,8 f.

Als König der Juden und König der ganzen Erde wird der Messias in Jerusalem seine Residenz errichten!

Die zweite Bedeutung des Schicksals Jerusalems besteht darin, dass die Stadt das Zentrum der messianischen Weltherrschaft sein wird. Dies sah der Prophet Jesaja bereits vor langer Zeit, als er weissagte:

Und es wird geschehen am Ende der Tage, da wird der Berg des Hauses des HERRN feststehen als Haupt der Berge und erhaben sein über die Hügel; und alle Nationen werden zu ihm strömen. Und viele Völker werden hingehen und sagen: Kommt, lasst uns hinaufziehen zum Berg des HERRN, zum Hause des Gottes Jakobs, dass er uns auf Grund seiner Wege belehre und wir auf seinen Pfaden gehen! Denn von Zion wird Weisung ausgehen und das Wort des HERRN von Jerusalem. Und er wird richten zwischen den Nationen und für viele Völker Recht sprechen. Dann werden sie ihre Schwerter zu Pflugscharen umschmieden und ihre Speere zu Winzermessern. Nicht mehr wird Nation gegen Nation das Schwert erheben, und sie werden den Krieg nicht mehr lernen. Jes. 2,2 ff.

Wie uns allen bekannt ist, haben die Vereinten Nationen den letzten Vers dieses Prophetenspruchs aus seinem Zusammenhang gerissen und an ihren New Yorker Hauptsitz geschrieben: „Sie werden ihre Schwerter zu Pflugscharen schmieden und ihre Speere zu Winzermessern. Nicht mehr wird Nation gegen Nation das Schwert erheben, und sie werden den Krieg nicht mehr lernen.“ Diese Organisation glaubt, auf Humanismus gründend, also ausgehend von der Annahme, dass der Mensch in der Lage sei, alle Konflikte und Kriege zum Erliegen zu bringen, den Weltfrieden zustande bringen zu können. Welche Täuschung! Man möchte meinen, manche Menschen lernten niemals aus der langen Geschichte der Menschheit. Solche Ideen markieren die Speerspitze menschlichen Stolzes und werden selbstverständlich niemals aufgehen. Vor wenig mehr als einem Jahr musste der Generalsekretär der Vereinten Nationen in einer Rede selbst zugeben, dass die Welt keineswegs im Begriff stehe, in ein Zeitalter des Friedens einzutreten. Vielmehr gestand er ein, dass heute weltweit mehr Völker in Kriegs- und Spannungssituationen verwickelt sind als während des Zweiten Weltkriegs. Und wieso trägt die Idee der Vereinten Nationen keine Früchte? Wieso ist es dieser Weltorganisation nicht möglich, wahren Frieden zustande zu bringen? Weil die UNO nicht an die eigentliche Substanz des biblischen Wortes glaubt, das sie an ihre Fassade gepinselt hat, und es deshalb auch nicht in seinem wirklichen Zusammenhang zitiert. Hätten die Vereinten Nationen das getan, so wäre ihnen klar geworden, dass der Weltfriede nicht von New York, sondern von Jerusalem her zustande kommen wird, und zwar dann, wenn Jerusalem in seine göttliche Bestimmung eingetreten und sein König und Messias wiedergekommen sein wird, um alle Macht und Herrschaft an sich zu ziehen.

Die dritte Berufung Jerusalems liegt darin, dass die Stadt allen Nationen auf der Erde Zeugnis der Herrlichkeit Gottes sein wird. Das ergibt sich aus vielen Bibelstellen, so auch aus folgendem Text des Jesajabuches:

> *Um Zions willen will ich nicht schweigen, und um Jerusalems willen will ich nicht ruhen, bis seine Gerechtigkeit hervorbricht wie Lichtglanz und sein Heil wie eine Fackel brennt. Und die Nationen werden deine Gerechtigkeit sehen und alle Könige deine Herrlichkeit. 62,1 f.*

Das also ist es, worum wir beten, wenn wir für den Frieden Jerusalems eintreten: dass die Stadt zum lebendigen Zeugnis der Größe und Herrlichkeit des Gottes Israels werde. Das helle Licht, das von Jerusalem her strahlt, soll die ganze Welt erleuchten. Wenn das geschieht, wird Jerusalem tatsächlich die „goldene Stadt" sein, und man wird es nicht mehr nur wegen seiner weißen Steine so nennen, aus denen die Häuser der Stadt errichtet sind und die im Schein der untergehenden Sonne gülden schimmern. Nein, dann wird die Herrlichkeit der Stadt diejenige des gegenwärtigen Messias' und eines von seiner Gerechigkeit und Heiligkeit umhüllten jüdischen Volkes sein.

In seinen weiteren Ausführungen lässt der Prophet widerhallen, was Gott sich für Jerusalem wünscht:

> *Auf deine Mauern, Jerusalem, habe ich Wächter bestellt. Den ganzen Tag und die ganze Nacht werden sie keinen Augenblick schweigen. Ihr, die ihr den HERRN erinnert, gönnt euch keine Ruhe und lasst ihm keine Ruhe, bis er Jerusalem wieder aufrichtet und bis er es zum Lobpreis macht auf Erden! Vv. 6 f.*

Wofür sollen wir als Wächter auf Jerusalems Mauern beten? Darum, dass Jerusalem völlig wiederhergestellt werde und ihm Gegenwart und Herrlichkeit Gottes zur Zierde gereichen mögen, auf dass alle Nationen und damit die ganze Welt vom König der Juden, dem König der Könige und Herr der Herren, Zeugnis empfangen mögen.

Fahren wir also fort, für den Frieden Jerusalems zu beten, damit die Stadt für ihren König und Messias zubereitet werde! Rufen wir miteinander der Stadt des großen Königs zu:

SCHALOM JERUSALEM!

Kapitel 11

Die Schlacht ist des Herrn

Mehr und mehr rückt Jerusalem ins Zentrum von Zwistigkeiten und Konflikten, denn die Mächte der Finsternis erheben sich gegen Gottes Pläne mit der Stadt und seinem Volk Israel. Es braut sich eine Schlacht um Jerusalem zusammen, von der das Wort Gottes auch klar redet.

Alle, die sich jemals ernstlich auf die Belange Israels, Jerusalems und des jüdischen Volkes als solche eingelassen haben, reden davon, wie heiß diese Schlacht sein wird. Israel hat etwas an sich, das uns Gläubige einerseits anzieht, weil wir spüren, dass der Herr in diesen Tagen dort wirksam ist, um die Zielsetzungen zu erfüllen, von denen sein Wort spricht. Andererseits lassen wir uns in diese Geschehnisse nur widerstrebend hineinziehen, weil es in Israel wirklich heiß hergeht. Doch wen wundert's? Hat nicht der Herr gesagt, er habe „sein Feuer in Zion und seinen Ofen in Jerusalem" (Jes. 31,9)? Es stimmt also: Wir sind Kombattanten einer hitzigen Schlacht. Umso mehr müssen wir wissen, wie wir sie gewinnen können.

Das Wesen der Schlacht

Die Schlacht um Israel und Jerusalem ist eine sehr spezielle Angelegenheit. Es ist eine Schlacht des Herrn, eine Schlacht, die niemand außer ihm schlagen kann. Aber wenn er eine Schlacht schlägt, dann steht der Sieg bereits fest, noch ehe der Kampf auch nur begonnen hat. Der Herr hat die Schlacht längst geschlagen, den Sieg längst errungen, und doch haben wir, sein Volk, immer noch eine bedeutende Rolle zu spielen. Was wir begreifen müssen, ist: So speziell diese Schlacht ist, so ausgefallen ist unsere Rolle in ihr. Wir sind eine Armee, die nicht kämpft, um die Schlacht zu gewinnen, sondern weil die Schlacht bereits gewonnen ist. Und es ist nichts weiter nötig als das Wissen darum, wie dieser bereits errungene Sieg umgesetzt werden kann.

Wir wurden gelehrt, so zu beten: „Dein Reich komme; dein Wille geschehe, wie im Himmel, so auch auf Erden" (Mt. 6,10). Dahinter steht der Gedanke, dass das, was im Himmel bereits geistliche Realität ist, auch hier auf der Erde manifest werden soll. Wie auch immer das geschehen mag: Die Erde soll sich an die geistlichen Realitäten angleichen, die im Himmel herrschen. Damit wird auch das Gebet zu einer sehr speziellen Angelegenheit. Jesus lehrte seine Jünger, im Gebet nicht viele Worte zu machen, wisse der Herr doch schon, was sie bedürften, ehe sie noch bäten (V. 8). In einer Hinsicht ergibt das keinen Sinn. Wieso sollen wir um etwas bitten, wovon Gott längst weiß, dass wir es brauchen? Das übersteigt unseren Verstand. Wir wissen nur, dass es genau so funktioniert. Im Reich Gottes gibt es jede Menge Dinge, die unseren Verstand übersteigen. Gott wirkt auf vielerlei geheimnisvolle Weisen.

Als der Herr Josua den Befehl gab, ins verheißene Land einzurücken, sagte er Folgendes:

> *Versorgt euch mit Wegzehrung, denn in noch drei Tagen werdet ihr über diesen Jordan ziehen um hineinzugehen das Land einzunehmen, das der HERR, euer Gott, euch gibt es zu besitzen. Jos. 1,11*

Es war also der Herr, der den Israeliten das Land gab, das er ihnen versprochen hatte; und doch mussten sie selbst den Fluss überqueren und es in Besitz nehmen, ja sie mussten Schritt für Schritt in das Land eindringen – genau wie der Herr schon zu einem früheren Zeitpunkt zu Josua geredet hatte:

> *Mein Knecht Mose ist gestorben. So mache dich nun auf und gehe über diesen Jordan, du und dieses ganze*

Volk, in das Land, das ich ihnen, den Söhnen Israel, gebe! Jeden Ort, auf den eure Fußsohle treten wird – euch habe ich ihn gegeben, wie ich zu Mose geredet habe. Von der Wüste und diesem Libanon an bis zum großen Strom, dem Strom Euphrat, das ganze Land der Hetiter, und bis zum großen Meer gegen Sonnenuntergang, das soll euer Gebiet sein. Vv. 2 ff.

Ist das nicht sonderbar? Gott gibt ihnen das Land. Selbst die geographischen Grenzen zeigt er auf – woraus wir übrigens entnehmen können, dass Israel beträchtlich mehr Territorien braucht, als es heute besitzt. Doch einer Sache dürfen wir gewiss sein: Die Israelis werden jeden Fußbreit Boden bekommen, den Gott ihnen verheißen hat. Das Sonderbare indes ist die Tatsache, dass das Volk ins Land einrücken und es Landstrich um Landstrich in seinen Besitz bringen musste, obschon Gott ihm das gesamte Gebiet bereits gegeben hatte. Und genau darum dreht sich die ganze Schlacht: Wir haben es gar nicht nötig, irgendeine Art von Sieg zu erfechten, sondern müssen all das in Besitz nehmen, was Gott uns längst zugedacht hat.

Der Epheserbrief sagt uns zu, dass wir bereits mit jedweder geistlichen Gabe und allem Segen beschenkt sind, den Gott überhaupt zu geben hat. Alles haben wir in Christus. Doch alles in Christus zu haben bedeutet nicht notwendigerweise, dass Christus in uns alles geworden ist. All diese herrlichen Segnungen, die Christus uns bereits gesichert hat, müssen wir zu unserem Besitz machen. Und während wir danach trachten, werden wir spüren, dass sich uns jemand in den Weg stellt, und zwar der Feind, der Herrscher der Mächte der Finsternis. Darum ist es so, dass wir, obwohl der Epheserbrief uns zusagt, dass uns in Christus alles gegeben ist, sobald wir ernst damit machen, unseren Besitz auch einnehmen zu wollen, merken, wie wir auf ein Schlachtfeld geraten. Die Mächte und Gewalten stellen sich gegen uns auf, um uns daran zu hindern, in die Fülle Christi einzugehen (Eph. 6,12).

Der Feind rennt gegen alles an, was von Gott her in unserem Leben ist – alles, was wir empfangen haben, und alles, was von Gott geschaffen oder erbaut ist, hat er im Fadenkreuz. Jesus sprach von diesem Kampf, dieser Schlacht:

> *… auf diesem Felsen werde ich meine Gemeinde bauen, und des Hades Pforten werden sie nicht überwältigen. Und ich werde dir die Schlüssel des Reiches der Himmel geben; und was immer du auf der Erde binden wirst, wird in den Himmeln gebunden sein, und was immer du auf der Erde lösen wirst, wird in den Himmeln gelöst sein. Mt. 16,18 f.*

Das Wesen jener Schlacht um den Aufbau der Gemeinde besteht darin, dass die Pforten der Hölle, die Mächte der Finsternis, sich gegen alles erheben werden, was der Herr tut und hervorbringt. Niemals werden die Finsternismächte in der Lage sein, den Herrn daran zu hindern, dass er seine Gemeinde baut, doch werden sie mit aller Macht und so häufig wie irgend möglich Front gegen Gottes Volk machen. Daraus werden Unruhen, Schwierigkeiten und heftige Verfolgungen erwachsen, doch was am Ende herauskommen wird, steht außer jedem Zweifel: Der Herr wird triumphieren, hat er doch am Kreuz den Sieg bereits sichergestellt, noch ehe die Schlacht überhaupt begann.

Jesaja 28,5 f. beschreibt treffend, was wir in dieser Schlacht zu tun haben:

> *An jenem Tag wird der HERR der Heerscharen … zur Heldenkraft denen, die den Kampf zurückdrängen ans Tor.*

Versucht der Feind, sich in jede Situation einzumengen, in die wir kommen mögen, so müssen wir wissen, wie wir ihn ans Tor zurückdrängen, d. h. ihn durch die Tür hinausschieben können, durch die er einzudringen versuchte. Vor der gleichen Aufgabe stand Josua: Als die Feinde die Gebiete okkupierten, die der Herr im verheißenen Land seinem Volk gegeben hatte, musste es sein Ziel sein, sie aus ihren Stellungen zu vertreiben – den Kampf zurückzudrängen ans Tor.

Wir müssen unsere Stellung einnehmen

Die Schlacht ist des Herrn, aber wir als sein Volk müssen unsere Stellung einnehmen, sonst funktioniert das Ganze nicht.

Die spezielle Weise, auf die Gott seinen Widersachern im Krieg entgegentritt, wird uns vor Augen gestellt, wenn wir die Schlachten des Volkes Gottes quer durch die Geschichte Israels betrachten.

Als Israel mit Goliath, dem philistäischen Riesen, konfrontiert war, erkannten sowohl König Saul als auch das israelitische Heer, dass sie diesen Kampf nicht auf die übliche, natürliche Weise gewinnen konnten. Da betrat David die Szene. Er wusste und glaubte, dass Gott diesen Philister in die Hände Israels gegeben hatte:

Heute wird der HERR dich in meine Hand ausliefern, und ich werde dich erschlagen und dir den Kopf abhauen. Und die Leichen des Heeres der Philister werde ich heute noch den Vögeln des Himmels und den wilden Tieren der Erde geben. Und die ganze Erde soll erkennen, dass Israel einen Gott hat. 1. Sam. 17,46

Und dann proklamierte David mit folgenden Worten, dass die Schlacht des Herrn war:

Und diese ganze Versammlung soll erkennen, dass der HERR nicht durch Schwert oder Speer errettet. Denn des HERRN ist der Kampf, und er wird euch in unsere Hand geben! V. 47

Daraufhin hätte David sich niederlassen und auf Gottes Eingreifen warten können, aber das tat er nicht. Er wusste, dass er seinen Teil beitragen musste, damit Gottes Sieg umgesetzt werden konnte, und mochte dieser Teil noch so unbedeutend erscheinen. Er nahm einen Stein, spannte seine Schleuder, und auf der Stelle fiel der Riese tot um. Die Schlacht ist des Herrn, wir aber müssen wissen, wie wir uns im Glauben vor dem Herrn zu positionieren haben.

Auf dieselbe spezielle Art und Weise wurde der Sieg verwirklicht, als König Joschafat eine unüberschaubare Anzahl von Feinden gegen Israel aufmarschieren sah. Sowohl der König als auch das Volk wurden von Furcht ergriffen und suchten in der Erkenntnis, diese Schlacht nicht in eigener Kraft gewinnen zu können, Hilfe beim Herrn. Da sagte der Herr ein prophetisches Wort:

> *Merkt auf, ganz Juda und ihr Bewohner von Jerusalem und du, König Joschafat! So spricht der HERR zu euch: Fürchtet euch nicht und seid nicht niedergeschlagen vor dieser großen Menge! Denn der Kampf ist nicht eure Sache, sondern Gottes! Morgen zieht gegen sie hinab. ... Nicht ihr werdet dabei kämpfen müssen. Tretet hin, steht und seht die Rettung des HERRN, die er euch verschafft, Juda und Jerusalem! Fürchtet euch nicht und seid nicht niedergeschlagen! Zieht ihnen morgen entgegen, und der HERR wird mit euch sein. 2. Chr. 20,15.17*

Den Rest der Geschichte kennen wir. Der König befahl die Sänger an die Spitze der Armee, und sie sangen:

> *Preist den HERRN, denn seine Gnade währet ewig!*

An jenem Tag kam die Armee nicht zum Kampf. Als die Israeliten das Schlachtfeld erreichten, hatten die Feinde sich bereits gegenseitig niedergemetzelt, und von ihnen war nichts weiter übrig geblieben als ein Haufen Leichname. Das war in der Tat die Schlacht des Herrn gewesen, und doch musste Gottes Volk seine Position einnehmen und im Glauben gegen den Feind vorgehen.

Ich frage mich, was wohl Jericho widerfahren wäre, hätte Josua nicht dem Obersten der himmlischen Heerscharen zugehört und dann präzise in die Tat umgesetzt, was dieser befohlen hatte. Auch hier haben wir es wieder mit einer ganz speziellen Schlacht zu tun. Klar und deutlich hatte der Herr zu Josua geredet und ihm gesagt, er habe Jericho in seine Hand gegeben. Doch dann kam diese sonderbare Strategie für die Israeliten: dass sie sechs Tage lang einmal täglich die Stadtmauern umrunden sollten, am siebten Tag jedoch siebenmal (Jos. 6,1-6). Die Stadt war in Josuas Hände gegeben worden, und doch stürzten ihre dicken Mauern nicht ein, solange Gottes Volk nicht seine Position eingenommen und den Anweisungen des Herrn Gehorsam geleistet hatte.

Quer durch die lange Geschichte Israels überlebte Gottes Volk immer wieder auf wundersame und geheimnisvolle Weise. Der Grund dafür war, dass seine Schlachten samt und sonders Schlachten Gottes waren. Nicht zuletzt sehen wir dies beim ersten Auszug aus Ägypten. Sobald die Israeliten endlich vom Pharao aus ihrer Sklaverei freigelassen worden waren, machten sie sich auf den Weg zum Roten Meer. Als Pharao sie davonziehen sah, fiel ihm mit einem Mal doch noch eine Möglichkeit ein, und er hetzte sein Heer hinter ihnen her. Als die Israeliten unter der Führung des Herrn die Gestade des Roten Meeres erreichten, erkannten sie, dass das Heer des Pharao im Begriff stand sie einzukesseln. Sie saßen in der Falle. Das Volk beklagte sich bei Mose, und der wusste auch nichts anderes zu tun, als sich auf sein Angesicht zu werfen und nach Gottes Hilfe zu schreien. Dann geschah Folgendes:

> *Mose aber antwortete dem Volk: Fürchtet euch nicht! Steht und seht die Rettung des HERRN, die er euch heute bringen wird! Denn die Ägypter, die ihr heute*

seht, werdet ihr weiter in Ewigkeit nicht mehr sehen. Der HERR wird für euch kämpfen, ihr aber werdet still sein. Und der HERR sprach zu Mose: Was schreist du zu mir? Befiehl den Söhnen Israel, dass sie aufbrechen! Du aber erhebe deinen Stab und strecke deine Hand über das Meer aus und spalte es, damit die Söhne Israel auf trockenem Land mitten durch das Meer hindurchgehen! Ex. 14,13-16

Daraufhin ereignete sich eines der größten Wunder in der Geschichte Israels: Das Volk entkam den Feinden, die samt und sonders im Meer untergingen. Wiederum erkennen wir die ungewöhnliche Art und Weise, auf die Gott wirkt und arbeitet, und ohne Zweifel war auch dies eine Schlacht des Herrn. Hätte er nicht den Durchgang durchs Meer eröffnet, so wäre das Volk Israel entweder aufgerieben oder in die ägyptische Sklaverei zurückgetrieben worden. Doch wenn wir dieses herrliche Wunder betrachten, das Gott hier tat, sollten wir nicht übersehen, dass auch Mose und das Volk ihre Rolle zu spielen hatten. Das Volk musste sich positionieren und im Glauben voranschreiten, während Mose seine Hand auszustrecken und seinen Stab über das Wasser zu halten hatte.

Und wenn wir nun heute mit einem weitaus größeren Exodus zu tun haben, wollen wir uns daran erinnern, dass nur der Herr allein auch diese definitive *Alija* ins Werk setzen kann. Dieser Prozess wird Wunder erfordern, welche diejenigen, die das Volk Israel beim ersten Exodus das Rote Meer überwinden ließen, sogar noch übersteigen müssen. Wir müssen begreifen: Diese gewaltige Schlacht um die Rückkehr des jüdischen Volkes aus allen Nationen nach Israel ist des Herrn Schlacht und ganz allein die seine. Und doch wird er uns nebst vielen anderen, die seinen Ruf gehört haben, gebrauchen, um an die Seite des erwählten Volkes Gottes zu treten. Was wir mehr als alles andere brauchen, um in dieser Schlacht mitkämpfen zu können, sind offene Augen und Ohren, damit wir hören und verstehen, wie der Herr uns im Glauben positioniert sehen möchte. Indem wir seine Anweisungen für diese Schlacht hören und ihnen gehorchen – wie absonderlich sie unserem natürlichen Verstand auch immer vorkommen mögen –, werden wir den Herrn in die Lage versetzen, all die Wunder zu vollführen, die nötig sind, um sein Volk in Sicherheit in das Land heimführen zu können, welches er ihm gegeben hat.

Kapitel 12

Zum Preise seiner Herrlichkeit

Was Gott mit Israel bezweckt, ist, dass das Volk seinem großen Namen Ehre bereite. Denselben Zweck verfolgt er auch mit allem, was er in der Gemeinde tut. Im Zusammenhang seiner Ausführungen über all die Reichtümer, die Gott uns in Christus gegeben hat, hebt Paulus auch den eigentlichen Zweck hervor, den Gott verfolgt, indem er uns all diese Segnungen zukommen lässt:

> *... damit wir zum Preise seiner Herrlichkeit seien, die wir zuvor auf den Christus gehofft haben. Eph. 1,12*

Im Fortgang seiner Gedanken arbeitet er dann den Grund heraus, aus dem Gott uns den Heiligen Geist gegeben hat: nämlich damit er uns befähige, „zum Preise seiner Herrlichkeit" (V. 14) zu leben. Wir müssen wahrnehmen und anerkennen, dass Gott alles, was er tut, nicht um unsertwillen tut, sondern um seiner selbst willen.

Der Zweck der Alija

Der wahre Zweck, der hinter der *Alija* steht, ist, dass sie Gott verherrlichen soll. Folgende Worte des Ezechiel, eines der Propheten Gottes, machen das klar:

> *So spricht der Herr, HERR: Nicht um euretwillen handle ich, Haus Israel, sondern um meines heiligen Namens willen, den ihr entweiht habt unter den Nationen, zu denen ihr gekommen seid. Und ich werde meinen großen, unter den Nationen entweihten Namen heiligen, den ihr mitten unter ihnen entweiht habt. Und*

die Nationen werden erkennen, dass ich der HERR bin, spricht, der Herr, HERR, wenn ich mich vor ihren Augen an euch als heilig erweise. Und ich werde euch aus den Nationen holen und euch aus allen Ländern sammeln und euch in euer Land bringen. 36,22 ff.

Wir sind hier an einem wichtigen Punkt angekommen, den wir genau verstehen müssen. Es ist ja so: Wenn es bei der *Alija* letztlich um nichts anderes geht, als dass Gott Ehre bereitet wird, dann muss sie sich auf wunderhafte, übernatürliche Weise vollziehen, genau wie der erste Exodus auch. Das heißt, dass für Menschenverherrlichung kein Platz bleiben kann, ebenso wenig wie dieser gewaltige Prozess durch menschliche Weisheit zustande kommen kann. Die *Alija* geschieht zu dem Zweck, dass ein Zeugnis für den großen Namen Gottes aufgerichtet werde.

Im Buche Jesaja zeigt uns der Herr, dass das Geschehen, in dem er sein Volk nach Hause bringt, also die *Alija*, „zu den Völkern hin mein Feldzeichen aufrichten" werde (49,22). Auch werde durch die *Alija* sein eigenes Volk, das Volk der Juden, „erkennen, dass ich der HERR bin" (V. 23). Mit anderen Worten: Sowohl die Heidenvölker als auch das Volk Israel werden mit aller Deutlichkeit erkennen, dass der Herr, der Gott Israels, der allein wahre Gott ist. In jenen Tagen wird niemand von irgendeinem Menschen oder einer menschlichen Organisation reden. Niemand wird die Gemeinde Jesu für diesen großen historischen Prozess loben. Selbst Israel wird keinerlei Ruhm abbekommen. Einzig und allein der Name des Herrn wird verherrlicht werden.

Gott eifert um seine Herrlichkeit

Gott hat Gefühle, und zwar mitunter sehr starke. Bereits weiter oben in diesem Buch haben wir gesehen, welch starke Gefühle sich für Gott mit der Heimkehr seines Volkes verbinden. Und wenn es um seine Herrlichkeit geht, sind Gottes Gefühle noch stärker. Er ist eifersüchtig. Eifersucht ist die wohl stärkste aller Emotionen. Wie bereits gesagt: Alles, was er für sein Volk Israel tut, tut Gott um seiner eigenen Herrlichkeit willen. Im Folgenden eine weitere Bibelstelle, in der der Herr das klarstellt:

Um meines Namens willen halte ich meinen Zorn zurück, und um meines Ruhmes willen bezähme ich mich dir zugute, um dich nicht auszurotten. Siehe, ich habe dich geläutert, doch nicht im Silberschmelzofen; ich habe dich geprüft im Schmelzofen des Elends. Um meinetwillen, um meinetwillen will ich es tun – denn wie würde mein Name entweiht werden! –, und meine Ehre gebe ich keinem andern. Jes. 48,9 ff.

Und noch ein Text:

Ich bin Jahwe, das ist mein Name. Und meine Ehre gebe ich keinem anderen noch meinen Ruhm den Götterbildern. 42,8

Mit niemandem wird Gott seine Herrlichkeit teilen, ganz zu schweigen davon, dass er irgendwem den Ruhm für irgendetwas zugestände, das in seinem Reich geschieht. Das sollten wir gewissenhaft beachten. Wir haben heute in der Gemeinde Jesu eine Tendenz der Erhebung von Menschen. Da gibt es die sogenannten großen Gottesmänner, die sich nur allzu gern mit all dem brüsten, was sie vorzuweisen haben: vor wie vielen Tausend sie predigen, wie viele Menschen durch ihren Dienst zum Herrn kommen, wie viele Wunder aufgrund ihrer Gebete geschehen und wie viele Millionen in ihre Taschen wandern. Wie abscheulich! Das ist nichts anderes, als dass man Gott seine Herrlichkeit stiehlt. Denn wenn Gott derjenige war, der gewirkt hat, dann sollte ihm auch aller Ruhm gehören. War es aber nicht Gott, dann war nichts von dem, was diese Leute getan haben, wahrhaftig und wertvoll, und dann gibt es gar nichts, dessen man sich rühmen könnte!

Die Führer des frühen Christentums legten da eine ganz andere Demut an den Tag. Als an der Schönen Pforte zum Tempel ein Heilungswunder geschehen war, reagierte das Publikum mit hemmungsloser Bewunderung für Petrus und Johannes.

> *Als aber Petrus es sah, sprach er zum Volk: Männer von Israel, was verwundert ihr euch hierüber, oder was seht ihr so gespannt auf uns, als hätten wir aus eigener Kraft oder Frömmigkeit bewirkt, dass er gehen kann? Der Gott Abrahams und Isaaks und Jakobs, der Gott unserer Väter, hat seinen Knecht Jesus verherrlicht, den ihr überliefert und vor Pilatus verleugnet habt, als dieser geurteilt hatte, ihn loszugeben. Apg. 3,12 f.*

Auf der Stelle erkannten die Apostel die Gefahr, Gott seiner Ehre zu berauben, und so reagierten sie auf die Begeisterung der Menge, indem sie allen Ruhm Gott zuwiesen, so als hätten sie gespürt, dass es gefährlich ist, Gottes Ehre zu veruntreuen. An diesem Punkt hing auch Moses großes Missgeschick, das ihn den Eingang ins verheißene Land kostete. Er hatte die Kinder Israel durch die Wüste geführt, viel Widerstand und mancherlei Schwierigkeiten von ihnen erleiden müssen. Als sie dem Ende ihrer Wanderschaft schon nahe gekommen waren, entstand wieder einmal eine Situation, in der die Menschen kein Wasser mehr hatten. Mose und Aaron suchten Gottes Angesicht und empfingen den Befehl, das Volk zusammenzurufen. Nachdem alle beieinander waren, sollte Mose zu einem bestimmten Felsen sprechen, und aus diesem würde dann Wasser hervorquillen. Doch Mose hatte seinerzeit genug von all den Problemen und Widerspenstigkeiten, mit denen die Menge ihn immer wieder konfrontierte. Wütend auf das Volk, ließ er es nicht dabei bewenden, zu dem Felsen zu sprechen, sondern schlug mit seinem Stab dagegen und sagte: „Hört doch, ihr Widerspenstigen! Werden wir für euch Wasser aus diesem Felsen hervorbringen?" Daraufhin strömte jede Menge Wasser aus dem Stein. Mose aber hatte zwei Fehler gemacht. Als erstes nannte er Gottes Volk „widerspenstig". Auch wenn die Menschen das nach unseren Maßstäben nicht anders verdient hatten, dürfen wir Gottes Volk nicht derartig betiteln. Und Moses zweiter Fehler war, dass er, als er in seinem Zorn gegen den Felsen schlug, in Zweifel zog, dass das Volk dieses Wasser überhaupt verdient hatte. Bezweifelte er damit nicht zugleich Gottes Wunsch und Vermögen, ihm Wasser zu geben? Das gefiel Gott nicht:

> *Weil ihr mir nicht geglaubt habt, mich vor den Augen der Söhne Israel zu heiligen, darum sollt ihr diese Versammlung nicht in das Land bringen, das ich ihnen gegeben habe. Num. 20,12*

Mag sein, dass wir die Strafe, die Gott hier seinem ergebenen Diener Mose auferlegte, der Gottes Volk doch schließlich in großer Treue durch die Wüste geführt hatte, als hart empfinden. Doch vergessen wir nicht: Etwas von Gottes Herrlichkeit für sich selbst abzweigen zu wollen, ist ein sehr schwerwiegender Verstoß. Gott eifert um seine Ehre und hat ausdrücklich gesagt, dass er es nicht dulden werde, sie mit irgendjemandem teilen zu sollen. Letzten Endes ist es Götzendienst, wenn wir Gott seine Ehre oder auch nur einen Teil davon stehlen oder wenn wir ihn nicht verherrlichen, wie wir es immer und in jedweder Lage tun sollten. Es kommt Götzendienerei gleich, irgendjemanden oder irgendetwas neben dem Herrn zu verehren. Und in den Augen Gottes ist Götzendienst die schlimmste Sünde, die wir überhaupt begehen können. Das Gesetz sah für die verschiedensten Sünden unterschiedlich schwere Strafen vor. Hatte jedoch jemand sich des Götzendienstes schuldig gemacht, so kam stets die äußerste Härte zur Anwendung: Ein Götzendiener musste aus dem Lager hinausgeführt und auf der Stelle durch Steinigung hingerichtet werden.

Um der Herrlichkeit Gottes willen

Haben wir begriffen, dass hinter allem, was Gott mit seinem Volk tut, der Zweck steht, seinen Namen zu verherrlichen, so verfügen wir für unser Gebet um Israel und unsere Arbeit zur Unterstützung des jüdischen Volkes über eine klare Leitlinie.

Was das Gebet anbetrifft, hat der Herr uns gelehrt: „Betet nun so: Unser Vater, der du bist in den Himmeln, geheiligt werde dein Name.“ Das bedeutet, hinter allem, was wir von Gott erbitten, muss das Grundmotiv stehen, dass jede, aber auch jede Situation so ausgehen soll, dass sein Name verherrlicht wird. Das wird wahrscheinlich eine Menge Dinge auf den Kopf stellen. Haben wir mit dem Feind zu tun, so brauchen wir für jede Schlacht, auf die wir uns einlassen, Gottes Weisheit, und zwar deshalb, weil Gott es nicht nur vermag, den Feind von jedem beliebigen Ort zu vertreiben – er kann ihn auch bleiben lassen und ihn für seine eigenen Zwecke einspannen. Im Falle Pharaos würden wir doch meinen, wenn die Juden wirklich aus Ägypten freikommen sollten, wäre es das beste gewesen, ihn vom Fleck weg zu töten, anstatt dass Mose und das Volk all diese schrecklichen Plagen durchleiden mussten. Doch Gott denkt anders:

> *Denn die Schrift sagt zum Pharao: „Eben hierzu habe ich dich erweckt, damit ich meine Macht an dir erzeige und damit mein Name verkündigt werde auf der ganzen Erde.“ Röm. 9,17*

Gott verhärtete das Herz des Pharao. Er ließ ihn, wenn man so sagen darf, so lange im Spiel, bis er ihn sich zunutze gemacht hatte, um sein Endziel zu erreichen. Dieses bestand nicht in der Befreiung der Juden aus Ägypten an sich. Es hatte vielmehr mit der Art und Weise zu tun, in der diese Befreiung schließlich vonstatten ging. Diese Art und Weise nämlich brachte Gott höchstmögliche Ehre ein. Und genau darauf sollten wir bei all unseren Gebeten und in aller Arbeit für Israel abzielen: Wie können wir dem großen Namen des Herrn die meiste Ehre verschaffen?

Soll der Herr alle Ehre bekommen, so wird das nicht durch menschliche Stärke, sondern gerade durch menschliche Schwachheit geschehen. Der Weg mit dem Herrn muss ein Weg voll übernatürlicher Geschehnisse sein – wie sollen die Nationen denn sonst die Herrlichkeit des Herrn sehen? Wir müssen von der vorherrschenden Meinung wegkommen, Gott brauche ein starkes menschliches Element, das mit ihm zusammenarbeite. Menschliche Stärke verträgt sich nicht gut mit göttlicher Stärke. Vielmehr schließt die eine die andere aus. Deshalb sollten wir es nicht auf ein starkes, sondern durchaus auf ein schwaches Israel anlegen. Die Geschichte des israelitischen Volkes erweist, dass ein starkes Israel geneigt ist, gar nicht auf Gott zu schauen, sondern weit eher versuchen wird, es aus eigener Kraft zu schaffen. Israels Stärke hat Gottes Werk viel öfter behindert als gefördert. Der Herr möchte, dass sein Volk von ihm abhängig ist – von ihm und nicht von irgendeiner anderen Machtinstanz. Heute beobachten wir, wie der Herr Israel von der internationalen Gemeinschaft isoliert, weil er nicht will, dass sein Volk von Unterstützung und Einfluss der USA, der UNO oder der EU abhänge. Die Hilfe dieser Heidenorganisationen ist keine Hilfe, die Gottes ewigen Zwecken mit seinem Volk dient. Sie ist vielmehr zu einem Faktor geworden, der sich dahin auswirkt, dass Israel sein Land nicht in Besitz nehmen kann. Gott macht es mit seinem Volk so:

Denn der HERR wird sein Volk richten, und über seine Knechte wird er sich erbarmen, wenn er sieht, dass ge-

schwunden die Kraft und der Sklave und der Freie dahin sind. Und er wird sagen: Wo sind nun ihre Götter, der Fels, bei dem sie Zuflucht suchten? Dtn. 32,36 f.

Mir scheint, der Herr wartet mutwillig mit der Errettung Israels so lange zu, bis die Juden in ihrer eigenen Kraft nicht mehr weiterkommen und es aufgeben, sich auf fremde Unterstützung und fremde Götter verlassen zu wollen. Denn ausschließlich ein Israel, das sich dem Herrn als alleiniger Quelle seiner Hilfe und Stärke zuwendet, lässt erwarten, dass Gott alle Ehre bekommt.

Der Herr wartet darauf, dass sein Volk an den Punkt kommt, an dem es erkennt, dass es ohne ihn keinerlei Hoffnung auf Rettung hat:

Darum, so spricht der Heilige Israels: Weil ihr dieses Wort verwerft und auf Unterdrückung und Arglist vertraut und euch darauf stützt, darum wird für euch diese Schuld wie ein sturzbringender Riss sein, der sich vorschiebt an einer hochragenden Mauer, deren Zusammenbruch in einem Augenblick, plötzlich kommt. Und er wird sie zerbrechen, wie man einen Töpferkrug zerbricht, mitleidslos zertrümmert, und unter dessen Bruchstücken man nicht ein ganzes Tongefäß findet, um damit Feuer vom Herd zu holen oder Wasser aus einer Wassergrube zu schöpfen. Denn so spricht der Herr, HERR, der Heilige Israels: Durch Umkehr und durch Ruhe werdet ihr gerettet. In Stillsein und Vertrauen ist eure Stärke. Aber ihr habt nicht gewollt. Ihr sagtet: „Nein, sondern auf Pferden wollen wir fliegen", darum werdet ihr fliehen; und: „Auf Rennern wollen wir reiten", darum werden eure Verfolger hinter euch her rennen. Je ein Tausend wird fliehen vor dem Drohen eines einzigen. Vor dem Drohen von Fünfen werdet ihr alle fliehen, bis ihr nur noch ein Rest seid wie eine Signalstange auf der Spitze des Berges und wie ein Feldzei-

chen auf dem Hügel. Und darum wird der HERR darauf warten, euch gnädig zu sein, und darum wird er sich erheben, sich über euch zu erbarmen. Denn ein Gott des Rechts ist der HERR. Glücklich alle, die auf ihn harren! Jes. 30,12-18

Für mich bedeutet dies: Der Herr wartet darauf, dass Israel ans Ende all seiner eigenen Kräfte und Möglichkeiten gelangt. Solange Israel damit fortfährt, auf eigene Faust weiterkommen zu wollen, wird der Herr dafür sorgen, dass das Volk am Ende immer ohne alle Macht dasteht. Doch wenn die Israeliten sich dann ihm, ihrem Herrn und Messias, zuwenden, wird er darin erhoben sein, dass er seine Gnade über das Volk ausgießt. Dann wird die ganze Welt begreifen, dass es der Herr war, er allein, der Israel vor all seinen Feinden gerettet hat.

Sollten wir immer noch meinen, wir müssten dem Herrn mit unserer eigenen Kraft unter die Arme greifen, so tun wir gut daran, uns der Geschichte Gideons zu erinnern: daran, wie er und das Volk Israel eine erdrückende feindliche Übermacht überwanden. Der Schlüssel für diesen Sieg liegt in folgendem Wort, das der Herr zu Gideon sagte:

Zu zahlreich ist das Volk, das bei dir ist, als dass ich Midian in ihre Hand geben könnte. Israel soll sich nicht gegen mich rühmen können und sagen: Meine Hand hat mich gerettet! Ri. 7,2

Gottes Problem ist nicht die Schwachheit seines Volkes, sondern dessen Stärke. Im Falle Gideons musste der Herr die Mannstärke der israelitischen Armee von 32.000 auf bloße 300 reduzieren. Wenn eine Schar von 300 Mann eine gewaltige, 100.000 Köpfe zählende feindliche Streitmacht überwindet, erkennt die ganze Welt, dass dies nicht das Verdienst jener 300 war, sondern das Werk ihres Gottes. So stellt der Herr sicher, dass er alle Ehre bekommt.

Vergessen wir niemals folgendes Prinzip Gottes:

Meine Gnade genügt dir, denn meine Kraft kommt in Schwachheit zur Vollendung. Sehr gerne will ich mich nun vielmehr meiner Schwachheiten rühmen, damit die Kraft Christi bei mir wohne. Deshalb habe ich Wohlgefallen an Schwachheiten, an Misshandlungen, an Nöten, an Verfolgungen, an Ängsten um Christi willen; denn wenn ich schwach bin, dann bin ich stark. 2. Kor. 12,9 f.

... wie geschrieben steht: „Wer sich rühmt, der rühme sich des Herrn!“ 1. Kor. 1,31

Lassen wir allezeit in allen Dingen alle Ehre Gott zukommen, dem Gott Abrahams, Isaaks und Jakobs, dem Vater unseres Herrn Jesus Christus!

Mehr zum Thema *Alija*:

Gustav Scheller

Operation Exodus
Erfüllte Prophetie

200 Seiten; Paperback; Best.-Nr. 147539
In Ihrer Buchhandlung oder direkt beim Verlag